Monika Hoffmann-Kunz

Lieben statt Verwöhnen

W0038850

HERDER / SPEKTRUM

Band 4323

Das Buch

Können Eltern zu sehr lieben? Der Grat zwischen Lieben und Verwöhnen ist schmal. Alle Eltern wollen das Beste für ihr Kind. Doch zuviel des Guten kann schädlich werden. Monika Hoffmann-Kunz zeigt aus ihrer langjährigen Erfahrung in der Arbeit mit Eltern und Kindern, wie Eltern „richtig" verwöhnen können, ohne schlechtes Gewissen und ohne die Kinder für das spätere Leben untauglich zu machen. Und sie läßt dabei sowohl Kinder als auch Erwachsene zu Wort kommen. Sie macht damit auch Eltern Mut, ihren eigenen Stil zu finden und dazu zu stehen: Denn gerade Schuldgefühle, das Gefühl, versagt zu haben, oder auch eine übermäßig strenge Erziehung lassen Eltern ihre Kinder oft maßlos verwöhnen: Sie wollen damit etwas „wieder gut machen". Geschenke und Nachgiebigkeit kompensieren aber dann nur die eigenen Gefühle und tun den Kindern nichts Gutes.

Sie zeigt anschaulich und konkret, wie es gelingen kann, Grenzen zu setzen, Mitarbeit in der Familie zu fordern, Zeit zu haben und zärtlich zu sein. Denn dies sind die elementaren Dinge, die Kinder brauchen, um stabil und gesund heranzuwachsen.

Die Autorin

Monika Hoffmann-Kunz ist Erzieherin und Diplom-Psychologin. Sie arbeitet als Psychotherapeutin und Dozentin an einer Erzieherfachschule in Berlin.

Monika Hoffmann-Kunz

Lieben statt Verwöhnen

Kindern Zuneigung schenken
und Grenzen setzen

Herder

Freiburg · Basel · Wien

Gedruckt auf umweltfreundlichem,
chlorfrei gebleichtem Papier

Originalausgabe

4. Auflage

Alle Rechte vorbehalten – Printed in Germany
© Verlag Herder Freiburg im Breisgau 1994
Herstellung: Freiburger Graphische Betriebe 1996
Umschlaggestaltung: Joseph Pölzelbauer
Umschlagmotiv: © Hartmut Schmidt
Foto: Umschlagrückseite: © Enno Hurlin
ISBN 3-451-04323-8

Inhalt

Vorwort

Um einen Computer bedienen zu lernen, machen heute viele Menschen einen Kursus; wenn der Fernsehapparat oder das Auto einen Defekt haben, ist fast jeder bereit, wiederholt und ohne zu zögern viel Geld für Reparaturen zu bezahlen.

Erwarten Eltern ein Kind, investieren sie viel Zeit und Geld, um ihm ein liebevolles Zuhause vorzubereiten. Sie machen (heute vielleicht sogar gemeinsam) Schwangerschaftsgymnastik, einen Kursus, um die Säuglingspflege zu erlernen, und sie haben sicherlich den Wunsch, daß es ihrem Kind gut gehen soll, daß es gesund heranwächst, daß es tüchtig, lebensbejahend und glücklich wird. Sie bedenken dabei aber oft eines nicht: Erziehung ist eine „Kunst", die man Jahre und Jahrzehnte lernen müßte.

Für Eltern ist es wichtig zu wissen, daß sie ihrem Kind einerseits nur so viel Freude, soziales Mitgefühl, Freundlichkeit und Mut mitgeben können, wie sie selbst empfinden, und daß sie andererseits ihm auch ihre Angst, Wut, Mutlosigkeit und Nervosität unbewußt weitergeben. Sie unterschätzen häufig die jeweiligen Wechselwirkungen, die zwischen ihnen und ihrem Kind ablaufen. Dazu besteht ein Angebot verschiedenster Erziehungsstile, gesellschaftliche Forderungen und Veränderungen. Alle Bedingungen insgesamt führen dazu, daß in jeder Elterngeneration, neben vielem Schönen und Beglückenden im Erziehungsalltag mit Kindern, auch viel Unsicherheit entsteht.

Nun hat aber ein Kind nicht unbegrenzt Zeit, und die ersten sechs Jahre, die für sein ganzes Leben entscheidend sein werden, gehen schnell vorbei. Eltern werden bei der Erziehung ihrer Kinder nach wie vor meist allein gelassen, weder

Kindergarten noch Schule übernehmen eine ausreichende unterstützende Begleitung bei der schwierigsten Aufgabe im Leben eines Menschen: der Erziehung des eigenen Kindes.

„Elternschulen" entstehen hin und wieder auf der Parkbank, während die Kinder im Sandkasten spielen. Dort tauschen sich Mütter (seltener Väter) darüber aus, welche Erfahrungen, Sorgen und Fragen sie haben. Sie reden über viele Dinge, und diese Gespräche sind entlastend. Aber sie werden auch nicht immer befriedigende Antworten bekommen.

Effektiver könnten solche Gespräche sein, wenn sie eine feste Institution wären, in der sowohl ein verbindlicherer Kontakt entstehen könnte als auch Experten ansprechbar wären, um beratend zur Seite zu stehen. Viele Probleme, die später gravierend werden, könnten so im Vorfeld aufgefangen werden.

Der Rat von Großeltern, Eltern, Tanten oder Onkeln wird seltener eingeholt, und erfahrene Menschen haben oft Angst, ihr Wissen weiterzugeben. Das Bedürfnis, es in der Erziehung besser (anders) zu machen als die eigenen Eltern, verhindert oft auch, aus deren Erfahrungen zu lernen.

Ich möchte mich in diesem Buch mit einem Aspekt der Erziehung befassen: **Der Verwöhnung.**

Niemand kann sagen: „So ist die Verwöhnung, und wenn Sie als Eltern es so oder anders machen, dann machen Sie es richtig oder falsch." Dafür ist dieses Thema bei jedem einzelnen Erziehenden zu vielschichtig. So muß genau hingesehen werden, warum, wie, womit und wann jemand ein Kind verwöhnt, und wie dieses darauf reagiert.

Das Thema Verwöhnung ist heute viel zentraler als früher. Da Frauen früher viele Kinder bekommen **mußten**, konnten sie das einzelne Kind gar nicht so intensiv verwöhnen, da sie meistens bald schon wieder das nächste zu versorgen hatten. Außerdem hatte früher jedes Kind in der traditionellen Großfamilie oft mehrere Bezugspersonen und Ansprechpartner. In der Kleinfamilie bekommt das Kind durch die engen Wohnverhältnisse und durch das Fehlen verschiedener Bezugspersonen leicht das Gefühl: „Ich habe ein Recht darauf, alles von meinen Eltern zu bekommen." Daß es selbst auch Pflichten den Eltern gegenüber hat, wird oft vernachlässigt.

Die Schilderungen von Großeltern, Eltern und ihr gelebtes Leben, ihre vielseitigen Erfahrungen, können für den Leser Anregung sein, über seine eigene Erziehung in seiner Ursprungsfamilie und die Erziehungshaltung seinen Kindern gegenüber neu nachzudenken und vielleicht mit anderen darüber zu reden.

So kann man beim Lesen einerseits zuhören, ohne immer gleich eine Antwort geben zu müssen. Man kann eigene Bilder, Phantasien und Erinnerungen in sich aufsteigen lassen. Die Geschichten anderer sind niemals ganz identisch mit den eigenen, aber es können dadurch Überlegungen in Gang kommen, auf die man sonst so nicht käme. Diese Möglichkeit weitet den eigenen Erfahrungshorizont aus.

Der theoretische Hintergrund dieses Buches ist die Individualpsychologie Alfred Adlers, der sich intensiv mit dem Thema der Verwöhnung befaßt hat [1].

Einleitung: Was ist „Verwöhnung"?

Da ich selbst seit Jahrzehnten als Erzieherin Umgang mit vielen Kindern und deren Eltern hatte, als Lehrerin in einer Erzieherfachschule Austausch mit jungen Erwachsenen habe und seit vielen Jahren Psychotherapeutin bin, begann ich mich dafür zu interessieren, wie sich die verwöhnende Kindheitserziehung im späteren Leben der Menschen auswirkt.

„Verwöhnung ist, wenn ich für den anderen etwas mache, was er eigentlich auch allein kann, oder wenn ich jemandem Sachen zustecke, die er vielleicht gar nicht braucht. Ich verbinde damit durchaus aber auch etwas Negatives. Gleichzeitig habe ich es immer sehr genossen, verwöhnt zu werden. Es ist für mich heute auch immer etwas Positives, z. B. ein schönes Mittagessen zu bekommen oder daß mich jemand fragt: „Willst du hier noch ein Kissen haben, oder kann ich dir noch etwas bringen?" Gerade, wenn man sich nicht so gut fühlt, ist das etwas Schönes."
Das sagt eine Mutter.

Jemanden betüteln, sehen, was er brauchen könnte, immer einspringen, umhegen und mit Fürsorge umgeben, das verbindet eine heute fünfzigjährige Mutter damit, wenn sie an die Verwöhnung ihrer Kindheit denkt.

Eine andere Mutter erzählt:
„Wenn ich mich als Kind verwöhnt gefühlt habe, waren das so Gelegenheiten, in denen meine Mutter die anderen Kinder beiseite gelassen und sich nur um mich gekümmert hat. Und sie hat jedem von uns die Gelegenheit gegeben, daß er

mal etwas Besonderes war. Solche Situationen habe ich manchmal auch künstlich herbeigeführt. Beispielsweise habe ich mich einmal, als es kälter wurde und es fürchterlich geregnet hat, unter eine kaputte Dachrinne gestellt, wo es richtig rauspladderte. Ich habe mich naßregnen lassen, so daß mein Kleid an mir klebte und ich eine richtige Gänsehaut hatte. Als ich so richtig naß war, bin ich zu meiner Mutter gelaufen, und da hat sie sofort alles stehen und liegen lassen (sie hatte immer viel zu tun) und hat mir ein warmes Bad gemacht. Dazu gehörte bei uns, daß man zuerst den Badeofen anheizte, und sie war dann dabei, als ich gebadet habe. Sie hat mich abgeseift und abgetrocknet und mir eine warme Milch gemacht, mich ins Bett gelegt und die Decke ganz dicht um mich reingestopft. Das waren so Situationen, wo ich mich verwöhnt gefühlt habe, und die habe ich auch alle noch ganz genau im Kopf. Jedenfalls dann, wenn ich sie provoziert habe. Dahinter steckt natürlich auch immer, daß ich es deswegen so toll fand, weil es relativ selten war. Ich war dann etwas Besonderes für sie.“

Eine siebzehnjährige Schülerin sagt:
„Verwöhnung bedeutet für mich, alle Schwierigkeiten aus dem Weg geräumt zu kriegen, bedient und bekocht zu werden, Arbeit erspart zu bekommen und meine Wünsche weitestgehend erfüllt zu sehen, mit möglichst wenig Einsatz von mir und viel Einsatz von besonders nahestehenden Bezugspersonen.“

Eine andere Schülerin erklärt:
„Kindern alles kaufen, jeden Wunsch erfüllen und dann reagiert das Kind trotzig, wenn es nicht das bekommt, was es möchte. Verwöhnte Menschen haben wenig Geduld, sie können sich nicht mehr über kleine Dinge freuen, wie Sonnenschein oder Blumen. Sie möchten immer mehr haben, sind unzufrieden, und vielleicht können sie keine Ideen mehr entwickeln und nicht mehr kreativ sein.“

Eine Sechzehnjährige sagt eher kritisch:

„Wenn man alles kriegt, was man sich wünscht. Es gibt Eltern, die ihren Kindern alles schenken, und sie denken dabei, daß sie sie wirklich glücklich machen. Dabei brauchen sie viel Liebe und nicht Fernsehen oder Computer. Verwöhnung kann zu Faulheit führen, und man wird unzufrieden mit sich selbst. Ich glaube, verwöhnt, im Sinne von alles kriegen, sind heutzutage alle: Kinder und Jugendliche."

In dieser Aussage wird bereits deutlich, daß Verwöhnung etwas sehr Widersprüchliches zu sein scheint.

Wünschen wir uns nicht alle, verwöhnt zu werden, so wie es im Märchen geschieht? Wir hören von der Existenz guter Feen oder den Heinzelmännchen, die freiwillig alle Arbeit verrichten. Hoffmann von Fallersleben beschreibt in einem Märchen „Das Schlaraffenland", in dem den Menschen die gebratenen Tauben in den Mund fliegen, ohne daß irgendeine Leistung dafür erbracht werden müßte.

Auch in der Realität kommt liebevolle, umsorgende Verwöhnung vor, und diese tut sehr gut, wie wir noch sehen werden. Aber jeder, der erzieht, kennt auch die Angst, durch Verwöhnung bei den Kindern etwas falsch zu machen. Und diese Angst, durch Übertreibung dem Kind zu schaden, ist berechtigt.

Sehen wir zunächst an, was der Duden zu dem Begriff der Verwöhnung sagt:

„Mittelhochdeutsch verwenen – in übler Weise an etwas gewöhnen. Die Form mit -ö- tritt seit dem 16. Jahrhundert auf. Das Wort bedeutet ursprünglich ganz allgemein: Zu schlechten Gewohnheiten veranlassen, dann (meist mit Beziehung auf Kinder) verziehen, verzärteln, verweichlichen"[2].

Und in einem anderen Dudenband heißt es:

„Jemanden auf Rosen betten, auf Händen tragen, jemandem jeden Wunsch von den Augen ablesen. In bezug auf Kinder, verziehen (abwertend), verzärteln (abwertend), verweichlichen (abwertend), verpimpeln, bepummeln, kümmern"[3].

13

Der Brockhaus zitiert die Sichtweise der Psychoanalyse, wenn er schreibt:

„Verwöhnung ist ein Erziehungsfehler. Das Kind lernt weder Triebaufschub noch Triebverzicht zu leisten, vermag Spannungen zwischen Wunsch und Erfüllung kaum zu ertragen und stellt unrealistisch hohe Ansprüche an seine Mitwelt; dabei bleibt es unselbständig und entwickelt wenig Ichstärke und Frustrationstoleranz. Eine verwöhnende Erziehung stößt oft an ihre Grenzen, schlägt dann leicht in eine strenge Versagung um und verfällt damit ins gegenseitige Extrem"[4].

Es fällt auf, daß der Begriff bisher ausschließlich negativ und abwertend verwendet wird. Auch umgangssprachlich spricht man von der „verwöhnten Göre" und benutzt es eher als Schimpfwort. Das „Muttersöhnchen" (einen vergleichbaren Begriff für die Tochter gibt es *noch* nicht) wird belächelt, die fordernde Haltung des „Prinzen" oder der „Prinzessin" wird als lästig empfunden.

Die einen Wissenschaftler bezeichnen einen Verwöhnten als „Star", der einen geringen „Spannungsbogen"[5] hat, die anderen sagen, er neige zu „Bequemlichkeit und Riesenerwartung"[6], und er sei ein „Entmutigter" (Adler).

D.M. Levy prägte den Begriff „maternel overprotection", d. h. übertriebene Behütung durch die Mütter. Er stellte vier Merkmale fest:

1. „Die Mutter bietet dem Kind exzessiven Kontakt",

2. „Sie hält es überdurchschnittlich lange in kleinkindlicher Obhut",

3. „Sie versucht es in besonderer Abhängigkeit zu halten",

4. „Das Kind entbehrt jeder Kontrolle, oder es ist ihr im Übermaß ausgeliefert"[7].

In seinen Beobachtungen hat er festgestellt, daß durch Überbehütung „Ungehorsam, freches Benehmen, Affektausbrüche, Überansprüchlichkeit" begünstigt werden. Solche Kinder haben Probleme, Freunde zu finden, da sie oft zu egozentrisch sind. Häufig reagieren sie mit Eßstörungen.

Doch ist es zu einseitig, nur den Müttern die Schuld zuzuschieben. Das Problem ist aber vielschichtiger. Auch der fehlende Vater, eine schlechte oder gar keine Partnerschaft oder fehlende Außenkontakte sind dabei genauso wichtige Faktoren.

Ver-wöhnung bedeutet für mich grundsätzlich eine Gewöhnung. Das Kind lernt entweder sich zu gewöhnen an:

1. positive Dinge wie Mitmachen, Mitreden oder Selbständigkeit oder

2. negative Dinge wie Fordern, Nicht-Mitmachen oder Unselbständigkeit.

Verwöhnung kann viele Lebensbereiche betreffen. Hier nur ein erster Überblick über Formen und Auswirkungen übergroßer Verwöhnung.

Maßlose Verwöhnung kann sein:

Zuviel an Liebe und Zuwendung

„Man bekommt alles, was man will, alles wird akzeptiert, und immer ist alles schon da" (Schülerin, sechzehn Jahre).

Zuviel an Beachtung und Lob

„Ich habe eine Zwei in Englisch, was bekomme ich dafür?" (Schüler, acht Jahre).

Fehlende Auseinandersetzung

„Ich würde mich nie trauen, meinem Kind nein zu sagen. Ich habe Angst vor seinen Ausbrüchen" (Vater).

Überschüttung mit materiellen Dingen

„Meine Eltern sollten mir nicht so viel schenken. Ich kann mich darüber gar nicht freuen, ich weiß ja sowieso, daß ich alles kriege" (Schüler, achtzehn Jahre).

Maßlose Verwöhnung führt zu:

Unfähigkeit, den Alltag zu bewältigen

„Mein Sohn, dreizehn Jahre, macht nichts zu Hause. Ich habe es ihm auch nie beigebracht. Aber heute ist es wohl zu spät" (Mutter).

Übertriebenen Ansprüchen

„Mein Sohn will dauernd von mir Aufmerksamkeit und Anerkennung. Er saugt mich aus" (Mutter).

„Ich bin der Chef, alle müssen tun, was ich will" (deren Sohn, vier Jahre).

Unselbständigkeit

„Ich habe wohl früher immer überhört, daß mein Junge sagte: ‚Ich will alleine'. Heute macht er nichts mehr mit" (Mutter).

Machtstreben des Kindes

„Streit, Trotz und Neid sind Eigenschaften, für die ein stark verwöhnter Mensch schneller anfällig ist" (Schülerin, sechzehn Jahre).

Fehlendem Umgang mit Krisen

„Ich will meinem Kind Mißerfolge ersparen. Ich will ihm negative Erfahrungen abnehmen" (Vater).

Mangel an Achtung

„Ich glaube, meine Kinder sehen mich oft nur als ihre Putzfrau. Wenn sie mich nicht brauchen, kümmern sie sich nicht um mich" (Mutter).

Zusammenfassend kann man sagen:
Der maßlos Verwöhnte lernt nur das Nehmen, nicht das Geben.

Teil I:

Was hat Verwöhnung mit Liebe zu tun?

Lieben heißt: Interesse, Zeit und Zärtlichkeit für Kinder

Zwei sechzehnjährige Schüler erzählen:

„Es kann schön sein, wenn man verwöhnt wird. Wenn es angemessen ist, z. B. wegen einer guten Leistung, die man vollbracht hat. Oder auch, wenn man persönliche Probleme hat, tut es gut, wenn jemand für einen da ist. Es ist unheimlich schön, dann von vorne bis hinten so richtig verwöhnt zu werden."

„Eltern verwöhnen ihre Kinder mit Liebe, Zuneigung und Zuhören. Dadurch fühlen sich die Kinder geborgen und wohl bei ihnen. Verwöhnung ist auch wichtig – solange nicht eine Übertreibung stattfindet. Es ist wichtig, wenn ein Geben und Nehmen beidseitig stattfindet."

Über die Frage, wie die „richtige" Art, sein Kind zu lieben, aussehen könnte, ist viel nachgedacht und geschrieben worden.

Der wichtigste Punkt ist zunächst, dem Kind Fürsorge und Zuwendung zu geben. Das Kind wird so allmählich das Gefühl entwickeln:

Ich werde geliebt, weil ich da bin.

Wird das Kind größer, zeigt sich die Liebe der Eltern dadurch, daß sie ihr Kind darin unterstützen, täglich neue Entwicklungsschritte zu machen, und es dabei in Ruhe ermutigen, begleiten, bejahen und sich mitfreuen. Das bedeutet zu akzeptieren, daß sich das Kind von ihnen fortentwickelt. Diese Loslösung des Kindes zu fördern, ist mit eine der schwierigsten Aufgaben in der Erziehung.

Das Kind braucht Eltern (und auch andere Erwachsene), die an es glauben und die an seiner Entwicklung Interesse zeigen (das gilt für jedes Alter). Dadurch entsteht das Gefühl von Geborgenheit und Zugehörigkeit; beides Voraussetzungen, um im weiteren Leben auch schwierige Zeiten zu überstehen.

Nur wenn es erfährt, daß die Erwachsenen an es glauben und damit sein Selbstbewußtsein stärken; entwickelt das Kind das notwendige Wir-Gefühl. Ein Kind lieben heißt auch, ihm Grenzen setzen und nein sagen zu lernen. Einem Kind jeden Wunsch zu erfüllen, zeigt – auch dem Kind – die eigene Unfähigkeit, sich auseinanderzusetzen. Oft führt die Angst der Eltern vor den Ausbrüchen ihres Kindes dazu, ja zu sagen, obwohl sie gern nein sagen würden. Aber dem Kind seine Wünsche vorschnell erfüllen, führt zu weiteren Wünschen. Das Kind kann dabei nicht lernen, mit Verzicht umzugehen und Beschränkungen zu akzeptieren. Zur gesunden psychischen Entwicklung eines Kindes gehört, daß es lernen muß, mit Enttäuschungen umzugehen.

Wir Erwachsenen müssen wach sein, welche Bedürfnisse uns die Kinder signalisieren. Erst wenn wir lernen, darauf zu hören, erfahren wir genau, was sie brauchen. Dann ist es auch gar nicht mehr möglich, ihnen zu viel zu geben, sie zu sehr zu verwöhnen oder ihnen zu viel abzunehmen.

Wir würden dann auch hören können, wovon wir ihnen zu wenig geben. Das ist meistens zu wenig an *Zeit*, *Verstehen* und *Gespräch*. Besonders diese drei Punkte nannten mir Kinder und Jugendliche immer wieder, wenn ich sie fragte, was sie sich von ihren Eltern wünschten.

Eine fünfzigjährige Erzieherin, als Einzelkind mit einer sehr strengen Mutter aufgewachsen, hatte eine liebevolle Großmutter:

„In den vollen Verwöhngenuß kam ich durch meine Großmutter, die damals bei uns wohnte. Sie war eine kleine, kugelige und beherzte Frau, und wenn ich heute an sie zurückdenke, wird mir immer noch ganz warm ums Herz. Der höchste Gipfel war, wenn sie für mich Kartoffelpfannkuchen mit Apfelmus gebacken hat. Es war nicht nur der

leckere Pfannkuchen, es war die gesamte Zeremonie. Ich
saß, nein, ich thronte auf einem kleinen Schemel vor einem
Tisch. Für mich wurde serviert, und ich durfte dazu Malz-
kaffee schlürfen. Ich fühlte mich im Mittelpunkt ihrer Zu-
neigung und Liebe.

Ich glaube, daß ich als Nachkriegs- und Flüchtlingskind
eine ziemlich entbehrungsreiche Kindheit gehabt habe.
Mein Spielplatz war ein Ruinenfeld. Essen, schöne Kleidung,
Bücher, Spielzeug waren äußerst knapp. Es ging damals um
das bloße Überleben.

So bin ich heute noch meiner Großmutter ganz tief dank-
bar für die wertvollen Verwöhninseln. Sie hat mir dadurch
viel Mut und Kraft gegeben."

Dieses Beispiel zeigt sehr deutlich: Nicht die Menge an Zeit
ist für das Kind entscheidend, sondern ob man sich ihm in
der jeweiligen Situation „jetzt" ganz direkt und ausschließlich zuwendet.

Vielleicht hilft dabei die Überlegung, wie es mir selbst
ginge, wenn mein Gesprächspartner, obwohl wir gerade ein
intensives und nahes Gespräch führen, sich vom Tele-
fonklingeln unterbrechen läßt und erst nach einer halben
Stunde wiederkommt? Oder wenn ich mit einem guten
Freund im Café säße, und er schaut ständig nach anderen
Menschen, obwohl wir in ein Gespräch vertieft sind. Ich
fühlte mich dann verletzt und nicht ernst genommen. Ähnlich wird es auch einem Kind ergehen.

Eine fünfzigjährige Tochter erinnert sich gern daran, wie sie
sich von ihrer Mutter geachtet, geliebt und verstanden gefühlt hat:

„Meine Mutter hatte mit uns Kindern einen ganz liebe-
vollen Umgangston. Sie war auch körperlich zärtlich, aber
vor allem durch die Sprache. Ich hatte das Gefühl: ‚Wir
drei Frauen!' Das war schön, liebevoll, freundlich, locker
und humorvoll. Meine Mutter hat den verzärtelnden Ton
beibehalten, bis ich zehn, zwölf Jahre alt war. Ich fand es

immer schön. Ich habe mich dadurch angenommen gefühlt."

Die größte Liebe, die Eltern ihrem Kind geben können, ist, es zu verstehen; nur dann kann es ein gesundes Selbstbewußtsein entwickeln. Diese Liebe müssen sie ihm durch liebevolles Umsorgen, viel Geduld, häufige, direkte Ansprache zeigen, und vor allem durch das Akzeptieren des So-Seins und Anders-Seins des Kindes. Liebe geben heißt auch: durch Training im sozialen, körperlichen, sprachlichen und geistigen Bereich den Mut und das Können des Kindes zu fördern.

Wie wichtig Zeit und Gespräche sind, zeigt eine Therapeutin, die aus ihrer Kindertherapie-Praxis erzählt:

„Darum kommen die Kinder meistens so gern in die Therapie, weil sie sich hier verstanden und ernstgenommen fühlen, da hier gleichwertig mit ihnen geredet und gespielt wird und sie ihre Wünsche einbringen können. Hier hat einmal in der Woche ein Erwachsener eine Stunde Zeit nur für sie. Eine Erfahrung, die tatsächlich manche Kinder bis dahin nie erlebt haben. Die Kinder empfinden sehr deutlich, daß dies etwas sehr Wertvolles ist."

Aber warum sollen diese Möglichkeiten nicht ebenso in der Familie genutzt werden können? Gespräche, etwas miteinander tun, vertieft die Beziehung zwischen Eltern und Kindern. Entscheidend ist dabei, daß beide Seiten Rechte und einen Einfluß darauf haben, wie diese Stunde(n) zu gestalten ist.

Kleine Kinder fordern von ihren Eltern oft, mit ihnen zu bauen. Größere Kinder wollen mit ihnen toben – und die Eltern haben genau dazu gerade keine Lust. Sie würden vielleicht lieber spazieren gehen oder im Café sitzen und reden ... Es würde beiden Seiten nicht helfen, wenn die Eltern sich zum Bauen oder Toben zwingen würden.

Ihr Anspruch an sich selbst: „Ich *muß* mit meinem Kind spielen", hätte nur zum Ergebnis, daß sie sich nicht wohl fühlen würden und ihr Kind ihre Lustlosigkeit spüren würde.

Ehrlicher und auch einfacher wäre es darum, dem Kind zu sagen: „Ich mache gerne etwas mit dir zusammen, aber du weißt ja, ich baue und tobe nun mal nicht gerne. Was hältst du davon, wenn wir beide zusammen ins Café gehen würden?" Nun mag das Kind vielleicht wiederum das Café nicht, dann können sie solange weitersuchen, bis sie sich auf eine Gemeinsamkeit geeinigt haben. Es muß etwas sein, was beiden **Spaß** macht. Ich bin sicher, wenn beide wirklich etwas miteinander tun möchten, werden sie sich auch einigen können.

Kinder lieben es sehr, wenn Erwachsene mit ihnen reden: über ihre Erfahrungen und Erinnerungen aus der Vergangenheit, über ihre Probleme in der Gegenwart und auch über ihre Vorstellungen von der Zukunft. Sie diskutieren gern über Fragen der Weltanschauung, Kultur und Politik, ja selbst philosophischen Fragen gegenüber sind sie aufgeschlossen, wenn wir Erwachsenen ihnen diese Themen anbieten[8]. Dieses Angebot, mit ihnen gleichwertige Gespräche zu führen, ist nun wirklich keine falsche Verwöhnung. Aber nur zu oft kommt es in der Hektik des Alltags nicht dazu.

Eine vierzigjährige, seit einigen Jahren alleinerziehende Mutter eines achtjährigen Sohnes, erinnert sich an ihre Kindheit:

„Mein Vater hat sich sonntags immer mit mir beschäftigt. Wir haben Bilder eingeklebt und sind zusammen Bus gefahren. Das war sehr schön. Das Gemeinsam-etwas-Machen, aber auch das Schmusen, diese Nähe zu ihm zu haben, das war schön. Das finde ich auch heute noch schön.

Als ich dann zur Entbindung im Krankenhaus war, bekam ich ein Buch geschenkt, da war die Rede von den drei großen Z: ,Zeit, Zuwendung und Zärtlichkeit'. Das ist mir unter die Haut gegangen, das habe ich behalten. Ich hatte zunächst auch nicht viel Zeit, aber ich habe mich dann wieder an meine Kindheit erinnert, und deswegen habe ich mich bewußt für eine Halbtagsstelle entschieden. Darum kann ich mir zwar nicht viel leisten, ich habe kein Auto, mache keine extremen Ferienreisen – aber ich habe Zeit für mein Kind.

Das ist für mich selbstverständlich: Zuwendung geben und Zeit haben. Ich kenne keine Langeweile, ich bastle heute noch gerne und gebe das auch an meinen Sohn weiter. Ich wurde verwöhnt, ja, aber ich bekam wohl vor allem viel Liebe, und die gebe ich auch heute weiter."

Wie an diesem Beispiel deutlich wird, war nicht die **Menge** an Zeit, die diese Frau als Kind bekam, entscheidend. Aber noch heute, nach dreißig Jahren, erinnert sie sich gern und mit liebevollen und warmen Gefühlen an die Sonntage mit ihrem Vater. und darum kann sie diese gute Erfahrung auch an ihren Sohn weitergeben.

Sich in sein Kind einzufühlen, bedeutet also auch, sich an seine eigene Kindheit zurückzuerinnern, an die positiven wie die negativen Dinge. Kleine Ausflüge, gemeinsame Spiele (auch wenn sie nur selten möglich waren), bestimmte abendliche Rituale (vorlesen, baden), Gespräche (sogar, wenn es nur ein einziges gab) oder ein liebevoll ausgesuchtes Geschenk (auch wenn es nur einmal vorkam), gehören zu dem Positiven, wovon viele viele Menschen mit leuchtenden Augen erzählen. Sie betonen darüber hinaus, wie stark sie diese Erfahrungen und die damit verbundenen liebevollen Gefühle für die verwöhnende Person in Krisenzeiten gestärkt haben.

Ich hörte aber auch in vielen Erinnerungen eine nie gestillte Sehnsucht heraus: Diese Form der Nähe und Zuwendung hatten die Befragten selbst nie bekommen, aber durchaus in anderen Familien eifersüchtig registriert. Bei durchaus vielen von ihnen überwiegen negative Erinnerungen: an die häufige Kritik der Eltern an ihrer Person, die zeitweilig das Kind völlig vernichtete, oder an die übertriebene Verwöhnung, die ein Kind behinderte, selbst etwas Neues auszuprobieren.

Und es gibt Wutgefühle, die in den Erwachsenen noch so lebendig sind, als seien sie erst gestern gewesen. Durch Gespräche mit dem Partner und Freunden, den eigenen und anderen Eltern, vielleicht auch Experten, und durch das tägliche Zusammenleben mit Kindern können Eltern sich wieder bewußt mit der eigenen Kindheit auseinandersetzen. So können sie lernen, sich in Gedanken und Gefühlen in das eigene Kind **einzufühlen**: Und dann fängt man an nachzudenken, die eigene Vergangenheit und das heutige Verhalten „durchzuarbeiten" – und zum Schluß verändert man sich vielleicht sogar. Das Kind fühlt dann, daß die Eltern sich bemühen, es zu verstehen, es erlebt, wie wichtig es für seine Eltern ist. Denn es kann nur dann lernen, sich selbst zu mögen und sich ernst zu nehmen, wenn es von den Eltern geliebt und ernst genommen wurde. Seine Selbstliebe und Selbstachtung, die „Geburt seiner Persönlichkeit", ist nur durch das Verständnis seiner Eltern möglich.

Bruno Bettelheim hat in einem Interview gesagt, daß Eltern nicht perfekt sein können, daß sie immer Fehler machen werden, und daß auch Kinder nie perfekt sein können, aber:

„Wenn es viele gute Erlebnisse zwischen Eltern und Kindern gibt, können auch Fehler die Balance nicht zerstören. Ein Problem in den Überflußgesellschaften der Industrieländer ist allerdings, daß Eltern zunehmend die Beziehung zu ihren Kindern veräußerlichen, sie ersetzen das Miteinanderleben durch materielle Güter, durch materielle Verwöhnung."[9]

Eine mehrfache Mutter und Großmutter sieht das so:

*„Eine Mutter (es sind ja meistens die Mütter, die eher verwöhnen als die Väter) kann durch gutes, einfühlsames Beobachten des Kindes in vielen Fällen feststellen, ob das Kind **ge**-fordert oder **über**-fordert wird. Aber sie wird oft durch Berufstätigkeit oder andere Belastungen zu ruhiger Beobachtung nicht in der Lage sein. Generell unterstelle ich, daß die durchschnittlichen Eltern durchaus gutwillig sind, ihr Kind lebenstüchtig zu machen. Die früheren, engeren und bescheideneren Verhältnisse setzten von sich aus Grenzen, die heute nicht von selbst da sind. Und deswegen ist es vielleicht heutzutage schwerer, Kinder zu erziehen."*

Selbstverständlich braucht jedes Kind zu Beginn seines Lebens Eltern (oder andere feste Bezugspersonen), die ihm Grundvertrauen geben, damit es später im Leben Vertrauen zu sich selbst und zu seiner Umwelt haben kann.

Alfred Adler meint, daß bereits das ganz kleine Kind „gehätschelt, liebkost und gelobt werden muß", und daß es die Neigung habe, sich anzuschmiegen und sich in der Nähe geliebter Personen aufzuhalten[10]. Darin sieht er einen Ausdruck der sozialen Natur des Menschen. Durch Angewiesensein auf die zärtliche Zuwendung der Erwachsenen wird das Kind einerseits erziehbar, andererseits aber auch verführbar. Darum muß ein wesentliches Ziel der Erziehung sein, die dringend notwendige Zärtlichkeit mit sozialen und kooperativen Zielen zu verknüpfen.

Bisher wurden drei positive Aspekte einer gelungenen Verwöhnung oder liebevollen Erziehung genannt:

Zeit haben

„Ich will gar nicht so viele Geschenke, aber daß meine Eltern endlich etwas mit mir machen" (Mädchen, vierzehn Jahre).

Verstehen

„Meine Mutter versteht mich sicher nicht immer, aber ich weiß, egal was passiert, sie hat ein offenes Ohr für mich" (Jugendlicher, siebzehn Jahre).

Gespräch

„Mein Vater redet manchmal mit mir, das finde ich toll. Es ist aber zu selten" (Jugendliche, achtzehn Jahre).

Damit ist dieses Thema natürlich nicht abgeschlossen. Genauso wichtig sind folgende Aspekte:

Ernst-Nehmen

„Ich mag Lehrer, die zuhören und sich für meine Probleme interessieren, aber mir auch eindeutige Grenzen setzen, nicht solche Schlaffis, wie viele Lehrer sind. Nur dann fühle ich mich verstanden und ernst genommen. Viele gibt es von der Sorte aber nicht" (Junge, vierzehn Jahre).

Selbständigkeit fördern
„Meine Eltern haben mich zum Glück nicht so viel ver-wöhnt, darum bin ich heute selbständig" (Jugendliche, sieb-zehn Jahre).

Zum-Mitmachen-Gewinnen
„Mein Sohn macht dann mit, wenn ich ihm auch helfe" (Mutter).

Vorbild-Sein
„Ich soll nicht rauchen, dabei qualmen meine Eltern doch selbst. Ist doch unglaubwürdig. Besser fände ich es, sie machten es erst mal selbst" (Junge, fünfzehn Jahre).

Höflichkeit
„Die Eltern sollten sich manchmal selbst reden hören zu Hause. So würden sie mit ihrem Chef nie reden" (Junge, zwölf Jahre).

Stille und Muße
„Wenn man persönliche Probleme hat, ist es schön, wenn jemand in Ruhe zuhört. Dadurch fühle ich mich geborgen" (Jugendliche, siebzehn Jahre).

Humor im Zusammenleben
„In letzter Zeit fällt mir auf, daß innerhalb unserer Fami-lie nicht mehr miteinander gelacht wird. Spaß haben wir alle eher außerhalb" (Vater).

Gegenseitige Freude bereiten
„Es ist schön, Freude zu machen, aber nicht immer betät-scheln, das ist riskant, das geht auf Dauer nicht" (Junge, zehn Jahre).

Gegenseitige Verwöhnung
„Wenn mein Sohn merkt, mir geht es nicht gut, dann höre ich ihn in der Küche etwas machen, und dann kommt er mit einem dampfenden Topf Kakao, nicht Nesquick, sondern richtig selbstgekochtem. Und ich mache das mit ihm natür-lich auch" (Mutter).

Zusammenfassend kann man sagen:
Liebe heißt, Zeit und Interesse für das Kind zu haben und dies auch zu zeigen. Das ist eine positive Seite des „Verwöhnens".

Mit Liebe verwöhnt: Das Beispiel
Astrid Lindgren

„Es war schön, dort Kind zu sein, und schön, Kind von Samuel August und Hanna zu sein."[11]

Dieser Satz aus der Biographie von Astrid Lindgren hat mich tief beeindruckt, da er genau das ausdrückt, was ein Kind braucht, um sich geborgen und geliebt zu fühlen: das sichere Gefühl, ich weiß genau, zu wem ich gehöre, und diese Menschen lieben mich. Das gibt einem Kind Kraft, und es wird Problemen und Krisen im Leben gewachsen sein.

Mit Astrid Lindgrens Büchern haben sich bereits Generationen von Kindern (und auch Eltern) identifiziert. Viele nennen als Vorbilder und Begleiter ihrer Kindheit „Helden" wie „Pippi Langstrumpf", „Michel aus Lönneberga", „Ronja Räubertochter" oder „Karlsson vom Dach".

1907 wurde Astrid Lindgren als zweites von vier Kindern auf einem Bauernhof in Schweden geboren. Die Mutter schildert sie selbst sowohl als streng als auch lässig. Eine Frau, die an ihre Kinder Forderungen stellte (aber keine unnötigen oder unerfüllbaren), und die selbst viel arbeiten mußte.

Die Beziehung zu ihrem Vater war eng, und es fällt auf, daß sie vornehmlich ihn in ihren Erinnerungen zitiert. Sie schildert ihn als zugewandt und zärtlich, den Kindern, aber zeitlebens besonders seiner Frau gegenüber – so erlebte sie eine lange Liebesgeschichte mit.

„Vor allem hing er mit großer Liebe an Hanna, habe ich es schon erwähnt? Er selbst erwähnte es oft. Fast täglich, solange er lebte. Nie wurde er es müde, ihr zu zeigen, wie glücklich er über sie war und wie staunenswert er es fand, daß es sie in seinem Leben und in seinem Haus gab ...

Christopher Polhum, ein kluger Mann, hat einmal gesagt, es täte Kindern gut zuzusehen, wenn ihre Eltern sich herzen. Samuel August (ihr Vater, M. H.-K.) hätte seine volle Sympathie gehabt, zumindest war es bei smaländischen Bauern unüblich, seine Gefühle so unverhohlen zu zeigen, wie Samuel August es tat. Wir Kinder waren es gewohnt, tagtäglich zuzuschauen, wie unser Vater, und sei es auch nur für einen kurzen Augenblick, unsere Mutter umarmte und sie ,herzte'".[12]

Sie hat sich später oft gefragt, was ihre positive Kindheit ausgemacht habe, und ihre eigene Antwort darauf war: sie habe sowohl **Geborgenheit** als auch **Freiheit** erlebt.

Die Kinder durften viel spielen, aber sie hatten ganz selbstverständlich auch Pflichten. Diese „Lehre" sah sie als sehr wichtig und richtig für ihr späteres Leben an.

Sie hat in ihrer Kindheit weder harte Schicksalsschläge, Armut noch Krieg unmittelbar selbst erfahren, statt dessen viel Liebe und Zuwendung bekommen, aber auch Forderungen erfüllen müssen.

Sie hörte in ihrer Kindheit zahlreiche Geschichten, erzählt von verschiedenen Erwachsenen – und sie hatte, über viele Jahre, die gleichen kindlichen Bezugspersonen.

Ihre Kindheit hat ihr Kraft und Lebensfreude gegeben, und sie war und ist eine neugierige und wissensdurstige Frau geblieben.

Trotz Konflikten (vor allem, als sie allein aus dem Dorf in die Stadt zog und dort jahrelang alleinerziehende Mutter war), konnte sie standhalten.

„Wer gelernt hat, wie man jede Arbeit erledigt, wer erfahren hat, daß in der Arbeit nicht nur Selbstbestätigung, sondern Trost und Ablenkung von eigenem Kummer liegen kann, muß keine Ausflüchte suchen, sondern kann weiterleben."[13]

Mir ist bewußt, daß die Bedingungen ihrer Kindheit nicht auf heutige Verhältnisse (speziell die von Stadtkindern) zu übertragen sind, aber sie können uns Erziehende nachdenklich stimmen. Ich denke aber, es ist deutlich geworden, wieviel Kraft und Selbstvertrauen ein Mensch bekommen kann, wenn er in seiner Kindheit das Gefühl bekommen konnte: „Es war schön, dort Kind zu sein, und schön, Kind von Samuel August und Hanna zu sein."

Geben ohne Grenzen:
Erziehung zum Tyrannen

Eine Therapeutin erzählt mir von einer Mutter, die mit ihrem elfjährigen Sohn Kurt seit vier Jahren allein lebt.

*„Die Mutter beschrieb mir ihren Sohn in einem ersten Gespräch als fordernd, nörglerisch und ihr gegenüber aggressiv. Doch er wollte auch ständig gestreichelt werden. Tue sie dies nicht, sähe er stundenlang fern, bis nachts. Er habe keinen Kontakt zu Klassenkameraden und hocke nur zu Hause. Die Mutter war oft ganz verzweifelt und insgesamt überfordert. Sie betonte eindringlich, daß sie ihn doch liebe. Aber sie könne nicht verstehen, warum er sie so schlecht behandle, da sie doch immer **alles** für ihn getan habe. Sie gehe arbeiten, und wenn sie nach Hause käme, würde alles herumliegen. Zwar mache er sich inzwischen etwas zu essen, aber die Küche sei danach ein Chaos. Nur wenn er etwas von ihr wolle, z. B. daß sie ihn mit dem Auto irgendwo hinfahre, dann sei er lieb und frage freundlich, ob er ihr etwas helfen könne.*

Wenn sie Streit hätten, mache er ihr mutwillig etwas kaputt, von dem er genau wisse, daß es ihr viel wert sei. Sie könne sich dagegen nicht wehren.

Sie habe noch nie etwas von ihm verlangt, aber könne er jetzt nicht endlich einmal einsehen, daß es so nicht weitergehen könne? *Am Sonntag habe sie einen ganzen Tag mit ihm gemeinsam verbracht, aber abends wollte sie dann mit Freunden telefonieren. Darauf habe er sofort mit Nörgeln und Rumschreien reagiert. Darauf habe sie den totalen Ausbruch bekommen, der ihn das erste Mal sichtlich beeindruckt habe.*

Räume er sein Zimmer dann doch einmal auf, solle sie ihn

*dafür tagelang loben. Täte sie es nicht, werde er sofort wü-
tend.*

*Manchmal bekäme sie Angst vor der Zukunft und frage
sich, ob er vielleicht lebensuntüchtig werde, die Schule
nicht schaffe und zu Drogen greifen würde! Aber sie habe
auch Angst um ihre Zukunft, wenn er eines Tages ausziehen
würde und sie ganz alleine wäre. "*

Dieses Beispiel mag manchem übertrieben erscheinen, aber
es kommt in dieser oder ähnlicher Art doch in vielen Familien vor. Die bisherige, jahrelange maßlose Verwöhnung, bedingt durch überstarke Hilflosigkeit und Schuldgefühle der
Mutter und das völlige Fehlen des Vaters, hatte sich so zuge-
spitzt, daß die Mutter fachliche Unterstützung suchte. Mutter und Sohn waren zu diesem Zeitpunkt tief in ihre Bezie-
hungsdynamik verstrickt (und damit beide unglücklich).
Und die Mutter sah sehr realistisch, daß sie aus dieser Situation nicht mehr allein herauskommen würden.

Die Therapeutin berichtet weiter:

*„In der Familientherapie war die Kommunikation zunächst
auf beiden Seiten sehr gestört – es kam zu Vorwürfen, Aggressionen, verbalen Verletzungen und Gesprächsabbrüchen. Kurt
warf seiner Mutter vor: ‚Für alle hast du Zeit, nur für mich
nicht.' Die Mutter warf ihm vor: ‚Alle anderen haben mich
gerne, nur du nicht.' Es herrschte Krieg. Keiner war bereit,
seine Position aufzugeben. Er war auf alles extrem eifersüchtig und hatte an seine Mutter den überhöhten Anspruch: ‚Sie
hat nur für mich da zu sein.' Sie war hilflos und hatte das Gefühl: ‚Kurt ist der Prinz, ich bin seine Sklavin.'*

*Jeder beharrte auf seinem Riesenanspruch, vom anderen
geliebt zu werden, ohne sich gleichzeitig auch genügend zu
achten.*

*Durch die Gespräche, zu denen sie beide pünktlich und
regelmäßig kamen, konnten sie sich darauf einigen, daß sie
eine zeitweilige Distanz voneinander brauchten, und sie
beschlossen, daß Kurt in den Sommerferien zu den Groß-*

eltern fahren sollte. Den gemeinsam geplanten Urlaub sag-
ten sie ab. Diese Distanz brachte bereits etwas Entspan-
nung, aber sie mußten beide noch viel Geduld miteinander
haben.“

An diesem Beispiel werden zwei Verhaltensweisen deutlich.
Die Mutter hatte bisher anscheinend nie etwas von ihrem
Sohn *gefordert*, er konnte sich verhalten wie er wollte, sie
machte alles für ihn. Darauf hatte er sich eingerichtet und
sich daran gewöhnt. Und sie hatte mit ihm nie klare *Verab-*
redungen getroffen, aus Angst vor Auseinandersetzungen. Er
konnte fernsehen, so lange er wollte, und wenn sie einmal
etwas sehen wollte, konnte sie sich nicht durchsetzen. Er
konnte wahllos über ihre Zeit verfügen, auch wenn sie gern
etwas anderes gemacht hätte. Er konnte in Küche, Bad und
Flur Chaos anrichten. Und obwohl sie das sehr störte,
mußte er keinerlei Beitrag zum gemeinsamen Zusammenleben bringen, wie z. B. einkaufen gehen. Nun stand sie
fassungslos vor seinem überdimensionalen Anspruchsver-
halten.

Die Therapeutin berichtet weiter:
„In der Therapie konnte die Mutter sich Unterstützung
holen, indem sie in kleinen Schritten versuchte, etwas zu
verändern. Sie mußte lernen, daß sie nicht mehr automa-
tisch für ihn ‚funktionierte‘, sondern ihn mit den Folgen sei-
nes Handelns konfrontierte, z. B. eindeutige Absprachen
traf: ‚Damit du es heute schon weißt, wir können am Sonn-
tag gerne etwas zusammen machen, aber den Abend will ich
für mich allein haben.‘ Und davon nicht nur reden, sondern
es muß auch durchgehalten werden. Nur so kann Kurt sich
langfristig auf die neue Situation einstellen und vor allem
wieder Achtung vor seiner Mutter bekommen. Dazu gehört,
daß auch sie (im Wechsel) mitentscheidet, was unternom-
men wird.
Verändern kann sich zwischen beiden nur etwas, wenn die
Mutter lernt, Kurt ihre wahren Gefühle zu zeigen, z. B.,

wenn sie ihm sagen könnte: ‚Ich komme nicht mehr gern nach Hause, wenn du hier nur rumbrüllst. Ich mache gern etwas mit dir, aber nur, wenn du dich auch um eine bessere Stimmung bemühst.' Sie muß lernen, ihre berechtigte Empörung zu zeigen, wenn er sie schlecht behandelt. Sie kann ihre Freunde, die sich wegen Kurts Verhalten allmählich von ihr zurückgezogen haben, bitten, wieder häufiger zu ihr nach Hause zu kommen. Es könnte für sie eine konkrete Hilfe sein, wenn sie mit ihm im Alltag nicht ausschließlich allein wäre.

Darüberhinaus könnte die Mutter sich durch die Therapie Unterstützung und Entlastung holen, um ihr Selbstbewußtsein wieder zu stärken, damit sie ein Gefühl dafür bekommt: ‚Ich bin zwar Mutter, aber ich habe auch ein Recht auf ein eigenes Leben.'

Den fehlenden Vater kann sie dem Sohn nicht ersetzen. Aber sie kann ihm dabei helfen, männliche Bezugspersonen zu finden. Das kann (vorübergehend) ein männlicher Therapeut (wie es bei Kurt möglich war), ein Nachbar, ein Trainer im Sportverein oder ein Gitarrenlehrer sein.

Auch Kurt litt unter der häuslichen Situation und ahnte ebenfalls, daß es so nicht weitergehen konnte. Darum war er auch bereit mitzuarbeiten. Seine Machtdemonstration resultierte nicht aus einer ruhigen Stärke, sondern sie war das Ergebnis einer grenzenlosen Verwöhnung. **Er war häufig so aggressiv und maßlos fordernd, um endlich einmal Grenzen gesetzt zu bekommen.** In den Therapiestunden wurde deutlich, daß er sich auch danach sehnte, mit der Mutter in Frieden zu leben und sich mit ihr zu einigen. Aber er war orientierungslos geworden und wußte nicht mehr weiter. Trotzdem wird es, nachdem es erst einmal diese extreme Form angenommen hat, lange dauern, bis er andere Werte und andere Verhaltensweisen für sich akzeptieren und einüben kann. Er gibt ja zunächst ein Paradies auf. Und wer tut das schon freiwillig? Nur, dieses Paradies ist nicht vollkommen. Obwohl er bedient und ihm bisher alles abgenommen wurde, gab es seit Jahren viel Kampf, Streit und Affekte.

*Diese Stimmung empfand auch Kurt als starke Belastung,
wie die Mutter voller Staunen in den gemeinsamen Therapiestunden hörte."*

Hier endet der Bericht der Therapeutin. Ich erfuhr, daß eine
längere räumliche Trennung nötig wurde. Kurt kam in ein
Internat. Vermutlich wird es ihm dort zunächst nicht leicht-
gefallen sein, denn der maßlos Verwöhnte hat auch zahlreiche Probleme mit den Gleichaltrigen. Aber diese „Nacher-
ziehung" war dringend erforderlich. Die Mutter begann eine
Ausbildung, und diese führte dazu, daß sie selbstbewußter
wurde. Dadurch wurde es ihr möglich, Kurt, wenn sie sich
sahen, anders gegenüberzutreten. Beide lernten langfristig,
wieder mehr Achtung voreinander zu entwickeln.

Ich habe dieses Beispiel nicht ausgewählt, um etwa einseitig der Mutter die Schuld zuzuweisen. Der fehlende Vater
und seine frühere Macht- und Gewaltdemonstration (die der
Grund für die Trennung war) und die Kurts frühe Kinderjahre
bestimmte, sind an seinem anspruchsvollen Verhalten ebenso beteiligt.

Eine andere Mutter (ein Sohn, vierzehn Jahre und eine Tochter, neun Jahre) hat ähnliche Erfahrungen gemacht:
*„Seit ich in der jetzigen Partnerschaft lebe, in der es zu-
nehmend auch Gewalt gibt, komme ich mit meinen Kindern
nicht mehr klar. Der Große lehnt meinen Partner total ab.
Es kommt zwischen beiden immer wieder zu lautstarken
Auseinandersetzungen, wobei ich nie weiß, zu wem ich halten soll. Ich liebe meine Kinder, aber ich brauche auch diesen Mann. Darum habe ich viele Wutgefühle gegen die Kinder, vor allem gegen den Großen. Ich fühle mich ausgebeu-
tet, vor allem finanziell.*

*In unserer Wohnung haben beide Kinder je ein Zimmer für
sich. Das dritte Zimmer ist unser gemeinsames Wohnzim-
mer. Es fällt mir erst jetzt auf, daß **ich** mich nie zurückziehen kann. Vielleicht gibt es auch deshalb so viele Konflikte,
weil mir oft alles zu viel, zu laut und zu unordentlich ist!*

Als ich den Kindern vorschlug, ob wir die Wohnung nicht so umändern könnten, daß auch ich ein Zimmer für mich habe, haben sie das abgelehnt – und ich habe vorerst meinen Plan aufgegeben.

Mein ältester Sohn ist schlecht in der Schule (weil ich immer arbeiten gehen mußte?), und die Tochter beginnt jetzt auch Probleme zu bekommen. Ich habe beiden gegenüber starke Schuldgefühle, daß ich nie genug Zeit für sie hatte und habe. Ich mußte ja immer arbeiten – oder ich war gerade mal wieder unsterblich verliebt. In diesem Zustand konnte ich mich oft gefühlsmäßig nicht auf die Kinder einlassen. Ich glaube, daß die Beziehung zu ihren verschiedenen Vätern ganz gut ist – jedenfalls höre ich nichts anderes. Wenn sie mir etwas erzählen wollen (und sie kommen eigentlich oft an, um mit mir etwas zu bereden), höre ich manchmal gar nicht richtig zu – ich bin so mit mir beschäftigt. Manchmal denke ich, ich lebe zwar mit ihnen in einer Wohnung, aber ich bin nur ihre Pensionswirtin. Die aber bekommt noch Miete, ich muß für uns drei allein das Geld verdienen. Ich putze – allein; koche – allein; und kaufe ein – allein. Beide finden das auch so in Ordnung. Früher habe ich mir immer erträumt, daß ich mit meinen Kindern gleichberechtigt leben würde. Heute bin ich resigniert und fühle mich vor allem von den jeweiligen Männern verlassen, aber auch von meinen Kindern. Vielleicht ist das ein falscher Anspruch? **Vielleicht muß man Kinder nur verwöhnen, und sie verwöhnen einen dann später?**

Ich mache mir heute viele Gedanken. Vor allem, ob ich schuld bin an unserer Misere. Ich meine, an der dauernd schlechten Stimmung, die wir seit langer Zeit miteinander haben, und ob ich versagt habe in der Erziehung? Aber ich meine, daß die Anforderungen insgesamt allein auch nicht zu schaffen waren. Zwei schlechte Ehen, volle Berufstätigkeit, und vor allem meine eigene Kindheit sind sicher mit schuld.

Aber ich bin jetzt erst vierzig Jahre, muß ich denn immer auf mein eigenes Leben verzichten?"

Auch diese Mutter ist in den letzten Jahren übermäßig belastet worden. Sie hat zwar immer wieder versucht, trotz Beruf und Kindern etwas für sich zu tun (sie hat sich z. B. aktiv darum bemüht, wieder eine Partnerschaft aufzubauen), aber die allseits herrschende Muttcrideologie, die besagt: „Eine Mutter muß alles für ihr Kind tun", hat auch bei ihr bewirkt, daß sie ihre eigenen Bedürfnisse nicht in Ruhe fühlen und sie nicht einfordern kann.

Dadurch konnte sie ihren Kindern keine eindeutige Orientierung und keine echte Geborgenheit geben. Sie hat, bedingt durch ihre Schuldgefühle, ihre Kinder zu wenig gefordert, statt sie zur Mitarbeit zu gewinnen.

Sie steht jetzt vor dem Ergebnis, daß ihre maßlos verwöhnten Kinder (auch sie empfindet sie so) für sie eine unerträgliche Belastung geworden sind. Aus den geliebten sind teilweise abgelehnte Kinder geworden. Da eine Mutter auch diese Gefühle nicht offen haben darf („Eine Mutter liebt ihre Kinder **immer**"), reagiert sie darauf wiederum mit Schuldgefühlen, und diese ziehen wieder maßlose Verwöhnung nach sich.

Hat das Verwöhnen bei den Kindern keinen Erfolg, greift sie abrupt zu harten und gewalttätigen Mitteln. Sie schreit und tobt, macht vehemente Vorwürfe, entzieht Taschengeld oder verweigert die Kommunikation. Ruhige Forderungen zu stellen, z. B. daß auch sie ein Recht auf ein eigenes Zimmer und damit auf Rückzugsmöglichkeiten in der Wohnung hat, war ihr bisher nicht möglich.

Dadurch kommt es zwischen allen dreien nicht zur echten Beziehungsaufnahme, sondern zu Machtstreben und wechselnden Schuldzuschrcibungen. Sie sind unfähig geworden, Nähe und Distanz in einem ausgewogenen Maße zu leben.

In dieser Familie ist es bisher nicht gelungen, sich gemeinsam zu entwickeln und sich auf bestimmte Regeln zu einigen, die das Zusammenleben für **jedes** Mitglied angenehm machen. Statt dessen fordern die Kinder immer mehr, und die Mutter funktioniert äußerlich, ist aber enttäuscht, verletzt und fühlt sich „mißbraucht".

Es ist schwer für diese Mutter, aus einem solchen „Karussell" von Verwöhnung und Kampf auszusteigen. Die einzige Chance, die sie hat, wäre es, sich selbst zu entwickeln. Sie muß lernen, „ich" zu sagen, d. h. sich selbst bewußt etwas Gutes zu tun, eigene Ziele für ihr Leben zu suchen und zu finden. Sie muß auch lernen, um Hilfe zu bitten, bei den eigenen Kindern und deren Vätern, und nicht grollen und wortlos erwarten, daß diese irgendwann schon von selbst helfen werden. Es ist wichtig für sie zu lernen, das ganz direkt (nicht nur durch Mimik, Gestik oder Stimmung) zu fordern. Sie verwöhnt die Kinder maßlos, weil sie Angst vor den zahlreichen Auseinandersetzungen mit ihnen hat, schafft dadurch aber ungleiche Beziehungen, d. h. Abhängigkeiten – und zwar auf beiden Seiten.

Bleibt die Mutter bei ihrer Haltung: Funktionieren, maßlos Verwöhnen, Grollen, Nörgeln und ab und zu Rumschreien, so werden die Kinder sich weiter wie „Prinz" und „Prinzessin" aufführen und keinen Grund sehen, selbst zu einer besseren Familienstimmung beizutragen.

Nun erlebt nicht jeder zu Hause solche Extremsituationen wie diese beiden Mütter. Und trotzdem kommt es in vielen Familien dauernd (oder hin und wieder) zu ähnlichen Haltungen. Darum möchte ich im folgenden kleine, alltägliche Situationen beschreiben, die jeder kennen wird, der mit Kindern zusammenlebt.

Eltern klagen, daß:
– ihre Kinder nie **aufräumen** und achtlos ihre Dinge herumwerfen,
– es beim **Essen** tägliche Auseinandersetzungen gibt,
– sie selbst nie in Ruhe **telefonieren** können,
– ihr Kind abends nicht ins Bett will,
– ihr Kind **trödelt**,
– ihr Kind mit den **Geschenken**, die es bekommt, nie zufrieden ist.

Kinder klagen ebenfalls, nämlich daß:
– sie so **aufräumen** sollen, wie die Eltern es wollen,
– die Eltern beim **Essen** immer meckern,
– die Eltern dauernd **telefonieren**,
– sie immer so früh ins **Bett** müssen,
– sie sich **immer beeilen** sollen,
– sie nie die **Geschenke** bekommen, die sie wirklich möchten.

Diese Liste ist beliebig zu verlängern und hat in jeder Familie andere Schwerpunkte.

Aufräumen

„Unsere Carmen (vier Jahre) verteilt inzwischen ihre Sachen in der ganzen Wohnung. Überall treten wir auf herumliegendes Spielzeug. Dazu kommen Kleidungsstücke, die sie auszieht und einfach irgendwo liegen läßt. Ich habe schon viel versucht, aber sie hört mich einfach nicht. Was soll ich nur machen? Natürlich räume ich dann auf, nachdem ich es ihr zehnmal oder öfter gesagt habe. Ich habe es freundlich versucht, ich habe gebrüllt, ja, ich habe sie sogar auch schon mal geschlagen, was ich mir immer noch sehr übelnehme. Nichts hilft. Ich weiß nicht mehr weiter. Wird das vielleicht noch schlimmer? Oder gibt sich so etwas?"

Diese Mutter schildert sehr eindrücklich, was sie bisher alles versucht hat: reden, reden, reden. Das Reden hatte aber keine Folgen. Das Kind hat sich bereits daran gewöhnt, daß die Mutter zwar „meckert" (wie die Kinder sagen), aber dann doch selbst aufräumt.

„Ich muß nur lange genug warten, dann räumt sie schon selbst auf", sagte mir ein „kluger" Fünfjähriger. Das andauernde Schimpfen scheint für die meisten Kinder, trotz der schlechten Stimmung, die dann zu Hause ist, doch der bequemere Weg zu sein. Diese unerfreuliche Situation könnten nur die Eltern verändern, indem sie einmal in Ruhe innehalten und gemeinsam überlegen, ob sie auch in den nächsten fünfzehn bis zwanzig Jahren so weiterleben wollen. Sie schimpfen, die Kinder verweigern sich; sie räumen auf, und die Kinder lassen sich bedienen. Die Eltern müssen überlegen, ob nicht auch sie (berechtigte) Forderungen stellen wollen, damit auch sie sich selbst zu Hause wohlfühlen können.

Aufräumen ist ein Hauptstreitpunkt in vielen Familien – und zwar über Jahre und Jahrzehnte. Kinder und Eltern haben dazu eine völlig unterschiedliche Vorstellung. „Dafür ist doch meine Mama da", sagte mir ein Vierjähriger, und ein Sechzehnjähriger: „Aufräumen? Macht meine Mutter, ist doch selbstverständlich, oder?"

In einer gleichwertigen Erziehung geht es nicht mehr darum, daß der Erwachsene das Kind autoritär beherrscht (mit „Du sollst" oder „Du mußt"), aber auf die Mißachtung Personen und Sachen gegenüber muß (und zwar bereits ganz frühzeitig) eine konsequente Reaktion erfolgen, sonst führt der Gewöhnungsprozeß („Das geht mich nichts an, Mama macht das schon") dazu, daß das Kind (und später der Jugendliche) niemals Verantwortung für sein Tun übernimmt.

Die Mutter, die dem Kind immer die Sachen nachräumt, der Vater, der zwar ab und zu rumbrüllt, weil ihn das Chaos stört, dieses dann doch selbst beseitigt, sind für das Kind ein Garant dafür, daß sie in seinem Sinne funktionieren und daß es selbst sich nicht zu verändern braucht.

In den ersten Jahren erledigen alle Eltern das Aufräumen für ihr Kind. Zunächst kann das Kind wirklich noch nicht selbst aufräumen, und die Eltern müssen diesen Teil übernehmen. Dann kommt eine Phase, in der das Kind gern helfen will, aber es ist oft noch ungeschickt, und es hat vor allem seine eigene Ordnung, die nicht die der Eltern ist. Viele lassen sich dann zwar helfen, korrigieren aber die kindliche Arbeit. Meistens geht uns Erwachsenen das Mitmachen der Kinder auch nicht schnell genug, und wir machen es wiederum lieber selbst. Später, wenn wir Hilfe fordern, sieht das Kind es nicht mehr ein, da die Bedienung inzwischen viel angenehmer und bequemer ist. Damit sind wir aber bereits in der Rolle der Diener und Sklaven, und das Kind hat die Macht. Dagegen revoltieren viele Eltern mit Nörgeln, Unzufriedenheit und „Mecker-Arien". Aber ist es wirklich realistisch, von einem Zwölfjährigen zu erwarten, daß er irgendwann von selbst einsieht, daß er sein Zimmer in Ordnung halten soll, wo er doch bisher jahrelang den „paradiesischen" Zustand hatte, daß die Eltern, genauer, meistens wohl die Mutter, für ihn aufräumten? Er wird sich vielleicht sagen: „Ich muß nur lange genug stur bleiben, dann wird sich die Mutter schon wieder beruhigen und es doch selbst machen. Ich weiß ja genau, daß es sie nervt, wenn Chaos herrscht." Dieses ist eine eindeutige Antwort auf die jahrelange, maßlose Verwöhnung.

Essen

Ich sitze im Hotel und beobachte eine Familie: Mutter, Vater, zwei Töchter (zwölf und zwei Jahre alt). Sie frühstücken. Die Mutter hat der kleineren Tochter ein Brot geschmiert, ohne sie zu fragen, ob und was sie essen möchte, und es in kleine Häppchen geschnitten.

Sie versucht sie damit zu füttern. Zunächst wartet die Kleine passiv ab, bis sie wieder ein Stück Brot bekommt. Nach dem dritten Stück dreht sie nur noch wortlos den Kopf zur Seite. Dabei redet die Mutter pausenlos auf das Kind ein: „Willst du noch ein Ei? Möchtest du Corn-flakes? Trink doch bitte etwas von der Milch..." Bei der fünften Aufforderung: „Nun iß doch endlich!" preßt das Kind die Lippen trotzig aufeinander. Das Rührei probiert die Mutter zunächst selbst mit dem Mund aus, ob es nicht doch zu heiß ist. Auch hier verschließt das Kind den Mund und wendet jetzt auch den Kopf zur Seite.

Währenddessen kümmern sich der Vater und die ältere Tochter ebenfalls noch um die kleinere. Auch sie geben Kommentare zu deren Eßverhalten ab.

Ich kannte diese Familie nicht. Ich hatte nur diese Szene miterlebt. Ich empfand das Verhalten der Mutter als Bevormundung und Bedrängung und konnte gut nachempfinden, warum das kleine Mädchen sich verweigerte.

Könnte diese Mutter ihr Kind lassen (und auch ein Zweijähriges kann bereits alleine essen), würde es sicher von selbst zum Essen greifen und herausfinden, ob es zu heiß oder zu kalt ist, ob es heute Corn-flakes mag oder lieber ein Ei. Kein Kind, dem man das Essen selbst überläßt, wird verhungern.

Mir fiel auf, daß die Mutter selbst nicht zum Essen kam, sie war nur mit der Kleinen beschäftigt. Sie aß erst viel später, als die Kleine mit der Großen zum Spielplatz ging – aber da war ihr Rührei bereits kalt.

Telefonieren

*Ich mußte bei einer Familie wegen eines dringenden Termins anrufen. Noch bevor ich mein Anliegen vortragen konnte, schrie ihr vierjähriger Sohn im Hintergrund: „Mama, komm sofort her!" Sie ging hin, kam zurück und sagte, sichtlich genervt: „Es war gar nichts, **immer** will er mich nur beschäftigen." Wir machten einen erneuten Versuch. Jetzt kam er an und riß ihr den Hörer aus der Hand. Es war nicht möglich, eine kurze Verabredung zu treffen. Sie mußte das Gespräch abbrechen.*

Ich kannte diese Mutter genauer und hatte schon mehrfach miterlebt, daß ihr kleiner Sohn es nicht zulassen konnte, daß sie sich anderen Menschen zuwandte. Er hatte bereits das Gefühl entwickelt: „Wenn meine Mama sich um jemand anderen kümmert, bin ich nichts wert." Es war soweit gekommen, daß sie keine fünf Minuten mehr telefonieren „durfte". Er beherrschte sie völlig. Die Mutter fühlte sich dadurch zwar einerseits überfordert, konnte ihm andererseits kein klares Nein entgegensetzen. Tut sie dieses nicht möglichst bald, so wird sich auch zwischen ihnen eine schwierige Dynamik verfestigen, die im Kampf miteinander enden wird.

Um ihm das Warten zu erleichtern, könnte sie ihm zunächst anbieten, daß er zuerst mit dem Anrufer telefonieren darf, damit er sich nicht ausgeschlossen fühlt, daß danach aber sie an der Reihe ist, wobei er warten muß.

Es ist im Alltag mit einem bereits extrem anspruchsvollen Kind natürlich nicht leicht zu leben. Denn das Kind richtet seine gesamte Kraft darauf, die Aufmerksamkeit seiner Mutter zu bekommen und zu erhalten. Zunächst mit angenehmen Mitteln (Betteln) und wenn das keine Wirkung zeigt, mit unangenehmen (Toben, Schreien).

Schlafengehen

Neulich sah ich einen Cartoon: Ein Vater sitzt mit Freunden bei einem Glas Wein, die Mutter kommt zum Zimmer herein, mit einem Kleinkind auf dem Arm und sagt zum Vater: „Gib mir mal den Autoschlüssel". Daraufhin erklärt der Vater den Freunden: „Sie fährt nur kurz mit dem Kleinen um den Block. Ein Super-Einschlafmittel."

Ich hielt diesen „Witz" für übertrieben, bis ich mit einem jungen Elternpaar ein Beratungsgespräch hatte. Ihr Problem sei, daß ihr dreijähriger Sohn extreme Schlafstörungen habe:

„Wir haben alles versucht. Meine Frau lag wochenlang neben ihm, und wer bald einschlief, war meine Frau. Er war noch um zehn Uhr abends hellwach. Wir haben ihm vorgelesen, bestimmt zehn Geschichten, er durfte lange fernsehen, wir haben ihm Beruhigungszäpfchen gegeben, es half alles nichts. Bis wir auf die Idee kamen, ihn abends ins Auto zu setzen und durch die Stadt zu fahren. Nach einer Stunde wurde er müde und schlief ein. Dann konnten wir ihn ins Bett hochtragen. Aber jetzt sind wir bei Ihnen, weil wir von Ihnen wissen wollen, ob das nun immer so bleibt oder ob es eine andere Methode gibt?"

Bereits bei Säuglingen und Kleinkindern gibt es Rituale, ohne die das Einschlafen erschwert ist. Da müssen Nuckel, Plüschtiere, weiche Decken u. a. bereitliegen, ein Getränk geholt oder ein Abendlied gesungen werden, bevor die Eltern ihre verdiente Abendruhe genießen können. Diese anfangs relativ harmlosen Zeremonien, können (je nach Einfallsreichtum des Kindes) so erweitert werden wie in dem obigen Beispiel. Mit ziemlicher Sicherheit kann man behaupten, daß extrem Verwöhnte auch nachts Probleme machen. Sei es, daß sie immer wieder aufstehen, noch das zehnte Mal etwas verlangen, daß sie Angst vor wilden Tieren äußern oder fordern, daß die Eltern neben ihnen sitzen bleiben sollen, bis sie eingeschlafen sind. Diese Kinder können nicht akzeptieren, daß die Eltern sich nicht dauernd mit ihnen beschäftigen, daß sie auch einmal etwas ohne sie machen und daß Vater und Mutter alleine sein wollen.

Dieses kindliche Verhalten will bewirken, daß die Eltern auch abends und sogar nachts weiter verwöhnen.

Das gilt u. U. auch für das Schlafen im Bett der Eltern: ebenfalls ein sehr heikles und weit verbreitetes Phänomen. Viele Eltern erzählen, daß ihre Kinder nicht verwöhnt seien, aber jede Nacht ausdauernd einen Platz im ehelichen Bett fordern. Daraus ergibt sich z. B. folgende Konstellation: Der Vater schläft im Kinderzimmer, die Mutter mit einem oder mehreren Kindern im Ehebett. Oder alle liegen gemeinsam im Bett, die Kinder breit und wohlig, die Eltern bedrängt und schlecht. Das zu verändern kostet viel Kraft. Viele Eltern scheuen die Auseinandersetzungen darüber. Auch dieses Privileg werden Kinder von selbst nur schwer wieder hergeben. Aus Gesprächen mit vielen Eltern kenne ich dazu die zahlreichen Gegenargumente: „Es stört mich nicht", „Mein Kind braucht das", „Es ist doch sonst alleine, und es sieht das nicht ein, weil wir ja zu zweit sind" oder „In anderen Kulturen schlafen auch alle in einem Bett". Das stimmt alles. Wenn aber Eltern lernen, sich zu beobachten, werden sie eventuell sehen, daß ihre Anspannung am nächsten Tag, die Ungeduld mit den Kindern, die Unzufriedenheit über die fehlende Sexualität und Nähe mit dem Partner mit der schlechten Nacht in Zusammenhang gebracht werden können. Ein Paar, das Wert auf sein Sexualleben legt, wird die Kinder vielleicht auch zeitweilig im gemeinsamen Bett haben (bei Krankheit, schlechten Träumen oder psychischen Problemen des Kindes), aber sie werden sie (mit gutem Gewissen) wieder ins eigene Bett zurückschicken, wenn die Krankheit oder die Krise vorüber ist, weil sie genau wissen, was sie selbst brauchen, um sich wohlzufühlen.

Sind mehrere Kinder in einer Familie, gibt es noch weitere Aspekte zu bedenken. Ich höre oft, daß nur einem, meist dem jüngsten Kind, dieses Privileg erlaubt wird. Auch dann, wenn die anderen Kinder vielleicht längst so weit sind, daß sie wirklich allein im Bett schlafen wollen, so werden sie doch (offen oder heimlich) darauf mit Eifersucht reagieren.

Kehren wir noch einmal zu dem Beispiel vom Beginn dieses Abschnitts zurück.

In dieser Familie gab es bereits einen Machtkampf. Der Sohn hatte es geschafft, beide Eltern sowohl tags als auch nachts zu beschäftigen. Er zwang sie, ausschließlich nach seinen Regeln zu leben. Das wird auch daran deutlich, daß er diese Regeln immer wieder neu veränderte. Erst mußte die Mutter nur neben ihm schlafen, bald wollte er statt einer Geschichte zehn hören, dann wollte er fernsehen bis zum Einschlafen, und seit auch dieses Mittel ihm nicht mehr genügte, fuhren die Eltern abends gemeinsam mit ihm durch die Stadt. Er hatte beide damit voll im Griff. Er war der Autoritäre, sie seine braven Diener, die passiv und ohnmächtig alles mit sich geschehen ließen.

Meine Antwort an diese Eltern war:

Ihr Kind hat Angst, übersehen und nicht genügend beachtet zu werden. Er testet aus, wie weit er gehen kann. Das hat er bisher umfassend erreicht; da Sie ihm keine Grenzen setzen, fordert er uferlos immer mehr. Sein Verhalten ist bereits mit einer Sucht vergleichbar. Bekommt der Süchtige nicht genug, muß die Dosis gesteigert werden. Sein erstes Ziel ist geworden: *Ich muß immer im Mittelpunkt stehen, sein zweites Ziel: der Machtkampf.* Er versucht Sie als Eltern zu zwingen, alles für ihn zu machen. Er fordert, Sie wehren sich

45

nicht und geben nach, in der Hoffnung, daß er einmal satt werden würde.

Das Problem taucht sicher auch noch in anderen Bereichen auf? Die Mutter bestätigte: „Ja, es gibt auch einen täglichen Kampf beim Anziehen, beim Essen und morgens, wenn er in den Kindergarten soll." Ich fragte sie: „Wollen Sie wissen, wie diese Situation auf mich wirkt?" „Ihr Sohn hat in der Familie die Macht, und Sie sind seine Vasallen. Ich kann Ihnen keine Hoffnung machen, daß sich das in Zukunft einfach wieder auflösen wird ... Es sei denn, Sie selbst sind bereit, etwas zu verändern, denn Ihr Sohn hat daran kein Interesse, da er ja sein (falsches) Ziel, immer im Mittelpunkt zu stehen, erreicht. Zusammenleben in einer Familie bedeutet, daß jeder lernen muß, Regeln einzuhalten, auch das kleine Kind – denn das ist bereits sein Beitrag zur Gemeinschaft. Diese Regeln müssen zunächst Sie als Eltern aufstellen. Später können Sie dann mit ihm gemeinsam Regeln für Ihr Zusammenleben finden.

Es werden sicher harte Wochen, wenn Sie jetzt beginnen, zu Hause etwas umzustellen, aber eine langjährige positive Veränderung ist nur möglich, wenn Sie als Eltern bereit sind, etwas zu verändern."

Trödeln

Ein Vater erzählt mir über seine fünfjährige Tochter:

„Claudia nervt uns alle durch ihr Trödeln. Das geht schon morgens los. Meine Frau und ich müssen arbeiten gehen, Fritz muß in die Schule und Claudia in den Kindergarten. Wir drei ziehen uns an und sitzen schon am Frühstückstisch, da läuft sie immer noch in der Unterhose herum. Sie kann sich schon alleine anziehen, aber sie schafft es jeden Morgen, daß meine Frau es macht – nachdem wir sie bestimmt zehn bis zwölfmal erinnert haben, sich doch endlich anzuziehen. Richtig finde ich es ja nicht, aber was soll man machen?

*Auch sonst braucht sie bei allem, was sie tut, furchtbar
viel Zeit. Sie strahlt mich an, wenn ich drängle, macht aber
trotzdem nicht mit. Weder beim Aufräumen noch beim Essen. Das macht mich wütend. Ich rede dann auf sie ein, aber
das hilft gar nichts. Selbst beim Malen, was sie gerne macht,
zögert sie ewig, bis sie etwas zustande bekommt. Ewig lange
sitzt sie vor dem leeren Blatt. Manchmal denke ich, sie hat
Angst, etwas falsch zu machen."*

Die Vermutung des Vaters ist sicher richtig. Durch Nachfragen erfuhr ich, daß das Trödeln auch im Kindergarten zu vielen Klagen Anlaß gibt. Sie läßt alle warten. Auf neue Anforderungen reagiert sie fast immer mit „Da ich es nicht gleich
kann, versuche ich es erst gar nicht." Ihre Entmutigung muß
mit der bisherigen maßlosen Verwöhnung zusammenhän-
gen, beide Eltern haben ihr (zu) lange alles abgenommen. Das
wurde ihnen selbst eines Tages sehr deutlich bewußt, und sie
haben abrupt und ohne allmählichen Übergang von ihr mehr
Mitarbeit gefordert. Dabei stellten sie den ältesten Bruder
häufig als Vorbild hin. Dieser war aber drei Jahre älter, und
die Maßstäbe seiner Selbständigkeit konnten noch nicht für
sie gelten. Claudia begann sich zu verweigern und merkte
sehr schnell, daß Trödeln ein Weg war, die elterlichen Forderungen abzuschwächen. So bekam sie wieder ihre Aufmerksamkeit, wenn auch durch Drängeln, Nörgeln und Dauerre-
den. Die Eltern sahen zwar in ihrem veränderten Verhalten
etwas Richtiges, aber sie hatten nach jahrelanger, intensiver
Verwöhnung zu schnell zu viel erreichen wollen; gegen diesen Anspruch setzte Claudia ihren Trotz.

Bei diesem Problem sehe ich nur eine Lösung: Die Eltern
müssen lernen, konsequent zu werden, im Reden und Handeln[14]. Da das Kind bereits „taub" zu sein scheint, sind alle
weiteren Ermahnungen zwecklos. Dieser Zirkel muß durch-
brochen werden. Sie könnten konkret handeln: „Wenn du
dich jetzt nicht fertig anziehst, dann gehst du in der Unterhose in den Kindergarten." Das erscheint vermutlich manchen Eltern als zu hart, aber wenn Kinder mit uns die Erfah-

rung gemacht haben, das wir das, was wir sagen, auch tun, dann wissen sie genau, jetzt wird es ernst – und dann machen sie mit.

Geschenke

Welche Auswirkungen die übertriebene Mittelpunktstellung eines Kindes oder das Abnehmen von Aufgaben, die das Kind eigentlich schon alleine übernehmen kann, haben, wurde bereits deutlich. Gehen wir davon aus, daß jedes menschliche Verhalten eine Wechselwirkung zwischen Menschen zur Folge hat, so stellt sich die Frage nach dem Verhalten der Erziehenden. Ein hilfloses Kind, vor allem das eigene, löst in den meisten Menschen bestimmte Gefühle aus. Ihm etwas abnehmen oder vorschnell für es etwas zu tun, sind häufige Reaktionen darauf. Von dieser „Hilfe" hat aber auch der Erwachsene einen Gewinn: „Wenn mein Kind hilflos ist, kann ich mich groß und unentbehrlich fühlen." Wenn diese Dynamik nicht verstanden und, je nach Entwicklungsstand des Kindes, nicht verändert wird, kann das Thema zu einer „endlosen Geschichte" werden, die sowohl bei Kindern, Jugendlichen als auch bei jungen Erwachsenen (falls sie noch zu Hause leben) anhält[15].

Die bisherigen Beispiele haben gezeigt, daß man unter einer maßlosen Verwöhnung eine Überschüttung mit Zuwendung und Zärtlichkeit, maskiert als (falsch verstandene) Liebe verstehen kann, die dem Kind jedoch keinen Schutz und keine Geborgenheit gibt, sondern es in Abhängigkeit hält. Dazu gehört aber auch ein Zuviel an materiellen Dingen wie Geschenken, Süßigkeiten, ständigen Unternehmungen oder Reisen. Dahinter kann das eigene, nicht befriedigte Liebesbedürfnis der Erziehenden stehen.

Meine Erfahrung ist, daß bereits Dreijährige Bücher über Technik oder über Dinosaurier bekommen, obwohl sie sich noch gar nicht dafür interessieren, oder einen Cowboy-Anzug, obwohl sie noch nie etwas über Cowboys gehört haben. Auch das sehe ich als eine Form der maßlosen Verwöhnung an, wenn Erwachsene nicht abwarten können, daß Kinder größer werden.

Eine achtzehnjährige Schülerin bemerkt dazu sehr kritisch: *„Wenn das Kind immer sofort alles bekommt, lernt es keinen Bezug zum Geld. Diese Menschen wollen wahrscheinlich ihr ganzes Leben lang immer alles haben, was ihnen gerade in den Sinn kommt, aber das ist ja gar nicht möglich."*

Ich glaube, daß viele Kinder ahnen oder sogar genau wissen, daß hinter den üppigen Geschenken vieler Erwachsener ein schlechtes Gewissen steckt. Jemandem etwas schenken heißt, ihm Zuneigung und Aufmerksamkeit zu geben; da das aber vielen Menschen nicht immer gelingt, kompensieren sie mit zu großen Geschenken. Aber Kinder und Jugendliche durchschauen das, sie wünschen sich die Verwöhnung darum oft anders: *„Statt mir wieder so viel zu Weihnachten zu schenken, sollten meine Eltern lieber mal etwas mit mir basteln"*, das sagte mir, zu meinem großen Erstaunen, eine Fünfzehnjährige.

Ich denke oft, Kinder fordern deshalb so anhaltend und intensiv, weil sie die Gefühle ihrer Eltern genau durchschauen. Vielleicht wollen sie aber auch nur einmal eine Grenze gesteckt bekommen, etwa mit der Bemerkung: „Jetzt ist Schluß, das bekommst du nicht mehr, dafür habe ich kein Geld."

Geschenke sind Botschaften, sie vermitteln negative wie positive Gefühle, dem Schenkenden ebenso wie dem Beschenkten.

Zu viele, nicht für eine bestimmte Person ausgesuchte Geschenke, können dem Kind signalisieren, daß es zwar übertrieben beschenkt wird, aber nur als Statussymbol gegenüber der Umwelt: „Seht her, was wir uns für unser Kind leisten können." Kinder werden modisch perfekt angezogen, um den elterlichen Narzißmus zu befriedigen, aber das bedeutet nicht, daß diese materielle Verwöhnung Liebe sein muß. Das Kind wird dieses aber mit Sicherheit spüren und ahnen, daß die Eltern sich seine Liebe erkaufen wollen. Darum sind viele Kinder am Geburtstag und zu Weihnachten enttäuscht oder wünschen sich Geld, weil sie befürchten, daß sie sowieso nicht das bekommen, was zu ihnen paßt. Ich denke, den derzeitigen Geschmack eines Kindes treffen kann nur der, der es wirklich kennt, der im Laufe des Jahres darauf hört, was gerade sein Geschmack und seine Werte sind.

„Ich habe mir immer etwas gewünscht und das auch bekommen, aber daneben gab es noch ein kleines Überraschungsgeschenk, und gerade darüber habe ich mich am meisten gefreut, denn es paßte zu mir, und ich fühlte mich verstanden."

So erinnert sich ein heute fünfzigjähriger Mann. Ist es nicht viel wertvoller, daß er sich verstanden gefühlt hat als daß er zwar teure, aber nicht zu ihm passende Geschenke erhalten hätte?

Maßloses Verwöhnen – eine endlose Geschichte

Das maßlos verwöhnte Kind, das in der Familie in einer ständigen Mittelpunktstellung steht, lernt von klein auf nur, Forderungen zu stellen. Es wächst wie in einem „Treibhausklima" (Adler) auf. Es braucht selbst keine Aufgaben und Probleme zu lösen, da die Eltern in der Überzeugung, das Beste für ihr Kind zu tun, ihm alles abnehmen. Durch dieses „Schonklima" (Adler) wird jedoch jede Entwicklung zur Selbständigkeit hin verhindert. Das Kind kann seine eigenen Kräfte nicht kennenlernen und bleibt (unter Umständen ein Leben lang) auf die Hilfeleistungen anderer angewiesen. Es fühlt sich klein und abhängig und kann so keine Realitätsbewältigung lernen, was langfristig tiefe Mutlosigkeit zur Folge hat. Der fehlende Widerstand, die mangelnden Forderungen führen dazu, daß das Kind zu wenig Auseinandersetzungen erlebt und erlernt.

Zum Thema „Mutlosigkeit" sagte mir ein Jugendlicher, der zur Zeit große Probleme hat, sein Leben zu gestalten:

„Ich habe zu Hause keinen Widerstand und keine Rückschläge erlebt. Da ich alles bekam und durchsetzen konnte, habe ich kein Gefühl für andere entwickeln gelernt. Aber ich protestierte gegen ‚die böse Welt‘, die mir alles verweigerte. Ich hatte hohe Erwartungen an die Zukunft, aber meine tiefe Mutlosigkeit verhinderte, daß ich mitmachen konnte."

Er hat richtig erkannt, daß er durch die maßlose Verwöhnung innerhalb der Familie zu wenig auf weitere Probleme außerhalb vorbereitet wurde.

Umwelt, Kindergarten, Schule, Beruf und Freunde können oder wollen die familiäre Verwöhnung nämlich nicht fortsetzen, und so werden der Kindergarten- und Schulbeginn, der Eintritt ins Berufsleben, die Aufnahme von Freundschafts- und Liebesbeziehungen beim maßlos Verwöhnten entweder mit Verweigerung oder mit tiefer Mutlosigkeit beantwortet, da er auf diese Anforderungen nicht genügend oder gar nicht vorbereitet wurde.

Maßlose Verwöhnung ist für die Persönlichkeitsentwicklung des Kindes immer schädlich. Das ist eine Tatsache, die in der psychologischen Forschung empirisch belegt ist. Dem Kind, aber auch dem Erwachsenen, wird die Lebensbewältigung aus der Hand genommen. Der Verwöhnende berücksichtigt dabei nicht, daß jedes Kind selbst Fähigkeiten entwickeln möchte, Dinge auch allein zu erkennen und zu beherrschen. Das Kind spürt nicht das Vertrauen des Erwachsenen in seine Fähigkeiten und kann so auch kein Selbstvertrauen entwickeln. Das Ergebnis einer maßlos verwöhnenden Erziehung ist ein lebensuntüchtiger Mensch.

Die autoritäre Erziehung versagte, da sie nicht in der Lage war, Menschen zum Selbstbewußtsein zu erziehen. Aber zwischen Strenge und übergroßer Nachgiebigkeit muß es noch etwas geben. Lange Zeit hieß es (besonders in der Phase der „anti-autoritären" Erziehung), Eltern müßten lernen, auf die Bedürfnisse ihrer Kinder zu achten, sie zu erkennen und jederzeit zu befriedigen. Sie dürften nicht fordern; die Kinder müßten selbst ihre wahren Bedürfnisse herausfinden. Dabei geschah aber ein grundsätzlicher Fehler: Die Theoretiker dieser Themen vergaßen die Erwachsenen und deren berechtigte Bedürfnisse. Auch sie können nicht immer nur geben. Das bedeutet zugleich, Kinder dürfen nicht lernen, nur zu **nehmen**. Die Hoffnung, daß Kinder, wenn sie nur genug an Wärme, Nähe und Konsum bekommen, irgendwann einmal genug haben, hat sich leider als folgenschwerer Irrtum herausgestellt. **Kinder fordern grenzenlos, wenn wir ihnen keine Grenzen setzen.**

Leben im Glashaus:
Traum eines maßlos Verwöhnten

In der Weltliteratur gibt es ein eindrückliches Beispiel einer maßlosen Verwöhnung, und zwar in einem Roman aus der Mitte des 19. Jahrhunderts. Iwan Alexandrowitsch Gontscharow (1812–1891) hat ihn in einer Zeit geschrieben, als es noch keine Tiefenpsychologie gab, aber er hat in seinem Roman „Oblomow" beispielhaft die Auswirkungen maßloser Verwöhnung auf das Leben eines Menschen geschildert.

Ilja Ilitsch Oblomow ist der einzige, extrem verwöhnte Sohn eines reichen Gutsbesitzers. Er wächst in einem „Glashaus" auf, da die Mutter in der ständigen Angst lebt, daß ihm etwas geschehen könnte.

In den ersten einhundertfünfzig Seiten liegt Oblomow im Bett und wartet darauf, daß etwas passiert. Er lebt ausschließlich in seinen Phantasien und Wunschvorstellungen, ist aber generell unfähig zu handeln. Fordert das Leben von ihm Leistungen, die er nicht erfüllen zu können meint, flüchtet er in die Krankheit. Seine zwischenmenschlichen Beziehungen sind gestört, weil er auch diese nicht einzuüben gelernt hat.

Wie dieser lebensuntüchtige „Held" so geworden ist, beschreibt Gontscharow in dem Kapitel „Oblomows Traum". Ilja Ilitsch ist sieben Jahre alt und wird von seiner Kinderfrau angezogen, gewaschen, gekämmt und zu seiner Mutter gebracht.

„Die Mutter überschüttet ihn mit leidenschaftlichen Küssen, dann betrachtet sie ihn mit brennend besorgtem Blick, ob die Äuglein nicht trüb seien, fragte, ob nicht etwas weh tue, fragte die Njanja (russische Kinderfrau, M. H.-K.) aus, ob er friedlich geschlafen habe, nachts nicht wachgeworden

sei, sich nicht im Schlaf gewälzt habe, hat er nicht womöglich Fieber gehabt!"[16]

Zusätzlich zur besorgten Mutter gibt es noch viele andere Menschen, die sich ihm zuwenden.

„Diese alle – Hofstaat und Suite des Hauses Oblomow – hoben alle Ilja Ilitsch einer nach dem anderen auf und begannen ihn mit Liebkosungen und Lobsprüchen zu überschütten; er schaffte es kaum, jedesmal die Spuren der ungebetenen Küsse abzuwischen. Danach begann seine Fütterung mit Brötchen, Zwieback und Zwetschgen.

Dann ließ ihn die Mutter, nachdem sie ihn noch einmal liebkost hatte, hinauslaufen, in den Garten, auf den Hof, auf die Wiese, wobei sie der Njanja streng einschärfte, das Kind nicht allein zu lassen, nicht zu den Pferden, den Hunden, dem Ziegenbock zu lassen, nicht zu weit vom Hause fortzugehen und es vor allem ja nicht in die Schlucht, den schrecklichsten Ort in der Nachbarschaft, zu lassen, der eine schlechte Reputation hatte."[17]

Die Stimmung in diesem Hause ist die der Passivität, der oralen Befriedigung und fehlenden Veränderungen. Der kleine Junge bringt zunächst Unruhe hinein, und darum sind alle (unbewußt) darum bemüht, ihm seine zahlreichen Aktivitäten schnell auszutreiben. Alle Erwachsenen machen ihm Angst, lassen seine Ansätze, selbständig sein zu wollen, nicht zu und trainieren ihn darin, sich von den Aufgaben der Realität abzuwenden. Sie erzählen ihm zahlreiche Märchen und Geschichten.

„Obwohl der erwachsene Ilja Ilitsch später erfahren wird, daß es Milch- und Honigflüsse nicht gibt und keine guten Feen, obwohl er mit einem Lächeln über die Erzählungen der Njanja scherzt, so ist doch dieses Lächeln nicht aufrichtig, es ist von einem heimlichen Seufzen begleitet: das Märchen ist bei ihm mit dem Leben vermischt; ohne es zu wis-

sen, ist er zuweilen traurig, weil ein Märchen nicht das Leben und Leben nicht das Märchen ist.

Er träumt unwillkürlich von Militrissa Kirbitjewna; es
zieht ihn immerfort in das Land, wo man gar nichts anderes
kennt, als sich's wohl sein lassen, wo es weder Mühsal
noch Kummer gibt; er behält für immer die Neigung, auf
dem Ofen zu liegen, in einem fertigen, nicht erarbeiteten
Gewand einherzugehen und auf Kosten einer guten Fee zu
essen. "[18]

Als er, um endlich etwas zu lernen, von zu Hause wegfahren
soll, bedauert ihn die ganze Familie. Und als er in den Ferien
zurückkommt, meinen alle, er sei abgemagert und krank und
versuchen, ihn vom Schulunterricht zu befreien.

„Und die zärtlichen Eltern fahren fort, Vorwände ausfindig
zu machen, um den Sohn zu Hause zu behalten. An Vorwänden war auch ohne Feiertag kein Mangel. Im Winter schien
es ihnen zu kalt, im Sommer ist bei der Hitze auch nicht
richtig fahren, und manchmal kommt auch Regen, im
Herbst ist das Schlackwetter hinderlich... Die Oblomows
bemühten sich übrigens, diesen Vorwänden in ihren eigenen
Augen eine möglichst große Gesetzlichkeit zu geben, und
besonders in den Augen von Stolz (seinem Lehrer, M. H.-K.),
der sie weder ins Gesicht noch in ihrer Abwesenheit mit
‚Donnerwettern' wegen solcher Verwöhnung verschonte. "[19]

Diese Kindheitserfahrungen machen aus ihm einen lebens-
fremden, hilflosen und passiven Menschen. Er bekam in der
Kindheit alles, aber er lernte nie, durch eigene Anstrengungen sein Leben zu gestalten[20].

Teil II:

Verwöhnung – Spiegel des Familienlebens

Verwöhnung ist ein Mittel zum Zweck

Wie sehen junge Erwachsene ihre Verwöhnung? Im folgenden einige Aussagen:

„Ich verwöhne dich, damit es dir gut geht."

„Eltern möchten ihren Kindern so viel wie möglich Gutes tun. Dies drücken sie oft durch Konsumrausch aus. Man kann sein Kind auch verwöhnen, ohne ihm öfters Spielzeug zu schenken oder jeden Wunsch zu erfüllen. Natürlich ist es wichtig, dem Kind Wünsche zu erfüllen, ihm Freude zu bereiten, aber in Maßen. Sonst nützt das Kind jede Situation aus, um etwas zu bekommen. Vielleicht wollen manche Eltern ihre knappe Zeit für das Kind damit überspielen oder etwas ausgleichen, indem sie auf jeden Wunsch eingehen. Manche wollen ihren Kindern alle Probleme aus dem Weg räumen."

„So genau weiß ich nicht, wann Verwöhnung gut ist. Bei mir war es und ist es immer noch so, daß meine Eltern mir immer das geben und ermöglichen wollten, was sie selbst als Kinder nie hatten und nicht machen konnten."

„Kinder brauchen es, mal verwöhnt zu werden, aber nicht so extrem, wie die Eltern es machen."

„Ich glaube, es gibt endlos viele Gründe dafür zu verwöhnen. Zwei davon wären, daß Eltern möchten, daß es ihre Kinder besser haben, als sie es selbst in der Kindheit hatten. Ich glaube, damit kurieren sie ihre eigene Seele. Und das

glaube ich wiederum nur, wenn es um die materielle Verwöhnung geht. Womit ich beim zweiten Grund wäre. Die moderne, aktuelle Verwöhnung wird durch das schlechte Gewissen der Erziehenden verursacht, weil diese glauben, sie hätten keine Zeit."

„Um ihnen ihre Liebe zu beweisen, verwöhnen Eltern. Bloß leider ist das auch nicht der richtige Weg, einem Kind immer nur alles in den Hals zu stecken. Da würde eine liebevolle Umarmung viel mehr bringen."

„ ‚Ich verwöhne dich, damit es dir gut geht', betont meine Mutter immer wieder, aber mir ist das oft zu viel."

„Ich wurde nicht richtig doll verwöhnt, was ich auch überhaupt nicht schlimm finde. Es hilft mir, heutzutage besser mit den Dingen umzugehen. Ich verdiene mein eigenes Geld, obwohl ich noch zur Schule gehe. Und wenn ich mal unbedingt etwas haben möchte, dann hole ich es mir halt selber. Natürlich bekomme ich noch ab und zu Kleidung oder so von meiner Mutter. Aber ich würde nie auf die Idee kommen, wie manch anderer, jeden Monat neue Jeans für einhundertsechzig Mark zu verlangen oder einen Pullover für einhundertfünfzig Mark. Das ist absolute Verwöhnung, die ich nicht verstehe. Wenn ich unbedingt mir so teure Sachen kaufen will, dann kann ich sie auch selbst bezahlen."

Ich habe diese Aussagen weder vorbereitet noch gesteuert. Stimmt es nicht nachdenklich, diese „Experten" für Verwöhnung so reden zu hören? Sie wurden oft, vor allem materiell, verwöhnt, und gerade sie stehen diesem Phänomen so kritisch gegenüber. Ihre Sehnsucht nach Geborgenheit, Verstandenwerden oder Liebe sollte uns Erwachsenen sehr zu denken geben.

Ich verwöhne dich maßlos, damit du bei mir bleibst

Eine alleinerziehende Mutter erzählte mir:

„Nachdem mein Mann mich verlassen hatte, lebte ich vier Jahre lang mit meinem Dominik allein. Ich mußte arbeiten gehen, da mein Ex-Mann mir lange Zeit kein Geld schickte. Darum mußte Dominik in die Krippe gehen. Meine Verwandten kümmerten sich nicht um mich, Freunde hatte ich in dieser Zeit keine. Ich lebte völlig isoliert und fühlte mich sehr allein und unsicher.

Ich liebte meinen Sohn sehr und tat alles für ihn. Er war der Mittelpunkt meines Lebens und das ausschließlich. Ich erlaubte ihm alles und sagte niemals nein.

Obwohl mir alle, besonders die Erzieherinnen in der Krippe, prophezeiten, daß er mir später einmal auf der Nase herumtanzen würde, ließ ich mir von ihnen nichts sagen.

Ich war mir sicher, daß meine Liebe ihm helfen würde und daß er es einmal besser haben würde als ich. Ich hatte doch einen brüllenden Vater und eine ständig nörgelnde Mutter gehabt, dazu noch zwei ältere Brüder, die meinten, mich auch noch erziehen zu müssen – und ich hatte unter allen sehr gelitten. Darum lehnte ich jetzt jeden Kontakt zu ihnen ab, damit sie keinen Einfluß auf meinen Sohn haben sollten – obwohl ich sie eigentlich auch wieder dringend gebraucht hätte. Im Zusammenleben mit Dominik fiel es mir selbst lange Zeit gar nicht auf (das weiß ich erst heute), daß er mir gegenüber nur fordernd war. Wenn ich ihm nicht sofort seinen Willen erfüllte, wurde er wütend. Und das konnte ich nicht aushalten, darum gab ich ihm immer nach. Er brauchte oft seine Wünsche gar nicht erst zu äußern, schon erfüllte ich sie. Manchmal dachte ich, das wird anders, wenn er erst richtig sprechen kann.

Er war ein niedliches Kind, und ich war lange Zeit total in ihn verliebt.

Auf dem Spielplatz lernte ich dann einen alleinerziehenden Vater kennen – und damit fingen unsere Probleme an.

Denn ich begann auch ihn zu mögen, und das paßte meinem Dominik natürlich gar nicht.

Seine Tochter lehnte er vom ersten Tag an eindeutig ab (sie ihn übrigens auch). Jetzt wurde er schwierig, d. h. aggressiv, nörglerisch, und er sagte nur noch Nein".

Diese Mutter ist in ihrer Kindheit bestimmt nicht verwöhnt, sondern eher vernachässigt worden, d. h. sie mußte viel vermissen und hat viel gelitten. Darum beschloß sie, daß es ihrem Kind besser gehen solle. Aber aus eigenem, emotionalen Defizit gab sie ihm **zu viel**, und sie ahnte lange nicht, daß sie sich dadurch einen Herrscher heranzog, der ihr noch viel Kummer bereiten sollte.

Aber sie selbst hatte auch einen Gewinn davon: Sie erhoffte sich, daß sie für ihr Kind unentbehrlich würde. Das bedeutet aber auch, daß Überfürsorglichkeit und Übermaß an Zuwendung eine Bestechung sein können. Verwöhnung ist also nie zweckfrei und ohne Anspruch. Die Mutter erwartete: „Ich verwöhne dich maßlos, damit du bei mir bleibst." Das ging solange gut, wie sie ihre eigenen Bedürfnisse völlig zurückstellen konnte. Erst als sie sich wieder verliebte, eigene Wünsche aufkamen, mußte es zu Problemen kommen.

Andere Eltern, die ihre Kinder maßlos verwöhnen, sind selbst in ihrer Kindheit maßlos verwöhnt worden. Jetzt räumen sie auch ihren Kindern alle Hindernisse aus dem Weg, obwohl sie es eigentlich besser wissen müssen, da sie selbst ihre eigenen Fähigkeiten nicht genügend entdecken und entwickeln konnten. Auch bei ihnen besteht der Gewinn darin, immer gebraucht zu werden. Eigene Ängstlichkeit, mangelnde Beziehungen, eine schlechte oder fehlende Partnerschaft oder nicht vorhandene eigene Interessen können dazu führen, die Kinder durch maßlose Verwöhnung zu sehr an sich zu binden.

Vor vielen Jahren hielt ich einen Kursus an einer Hochschule mit dem Titel: „Mütter und Töchter/Mütter und Söhne". Dabei lernte ich eine fünfzigjährige Mutter von drei Söhnen (22, 19, 17) kennen.

Sie erzählte:

„Ich glaubte lange Zeit, daß ich es richtig gemacht hatte mit ihnen. Ich verdiente für uns vier das Geld, und in der verbleibenden Zeit sorgte ich dafür, daß es meinen Kindern gut ging. Ich bediente sie, wo ich nur konnte. Ich verlangte nichts von ihnen, da sie mir mehrfach damit gedroht hatten: ‚Wir ziehen sonst zum Vater.‘ Sie wußten genau, daß ich das nicht wollte. Erst allmählich begann ich zu sehen, daß sie mich schlecht behandelten, daß sie nur fordernd und vor allem autoritär zu mir waren. Und ich hatte doch gedacht, daß ich es durch meine ‚softe Art‘ mit ihnen besser machen würde als meine Mutter mit ihrer autoritären.

Hier im Kurs wird mir schlagartig klar, daß ich mir drei Paschas herangezogen habe, die mich so schlecht behandeln, wie ich selbst nie zu ihnen war. Mir wird jetzt schmerzlich bewußt, was ich da angerichtet habe. Warum ich sie so extrem verwöhnt habe, das verstehe ich noch nicht, und wie ich es verändern soll, da fehlt mir die Phantasie."

Eine mögliche Erklärung ist, daß sie aus Angst, die Liebe der Kinder zu verlieren, zu viel für sie tat. Den abwesenden Vater zu ersetzen, kostete sie ungeheuer viel Kraft. Alle Anstrengungen waren immer gepaart mit Schuldgefühlen, den Söhnen keine vollständige Familie geben zu können. Darum verdoppelte sie ihre „Dienstleistungen". Die Angst vor Auseinandersetzungen und die Drohungen der Söhne („wir ziehen zum Vater") bewirkten, daß sie in deren Sinne „funktionierte".

Es gibt eine Fortsetzung zu diesem Beispiel. Ein halbes Jahr später besuchte diese Mutter einen anderen Kursus von mir, und auf meine Frage, wie es inzwischen zu Hause ging, erfuhr ich folgendes:

*„Sie werden es nicht glauben, aber **ich** bin ausgezogen. In eine kleine Wohnung, in der wirklich nur Platz für mich ist. Meine drei Kinder sind darüber nach wie vor entsetzt. Ich fühle mich toll und beginne endlich wieder etwas für mich."*

Verwöhnung hat viele Gesichter

Aufgabe der Mutter

„Als ich Mutter wurde, war ich vierundzwanzig Jahre alt und stand kurz vor dem zweiten Lehrerexamen", erinnert sich eine fünzigjährige Mutter. *„Schon in der Schwangerschaft hatte ich die Vorstellung, daß ich wegen meines Berufes die eigenen Kinder gut erziehen könne. Auf keinen Fall wollte ich die Fehler meiner Eltern wiederholen und bereitete mich deshalb mit Hilfe von Lehrbüchern auf meine Mutterschaft vor. Mit dem Buch in der Hand wollte ich nach den ‚neuesten Erkenntnissen der Wissenschaft' erziehen. Bei W., meinem Sohn, holte ich sie mir aus einem zufällig entdeckten Ratgeber für Kindererziehung des Autoren Gesell. Ich kann mich nicht mehr an den Titel erinnern, weiß aber noch, daß er eine ziemlich rigide Einstellung vertrat und z. B. dem Neugeborenen einen genau einzuhaltenden vierstündigen Essensrhythmus vorschrieb. Aufgrund dieses Einflusses wurde der Älteste nicht so stark verwöhnt, sondern zum kämpferischen Sich-Durchsetzen bewogen. Kam er beispielsweise vor der Zeit, ließ ich ihn schreien. Heute denke ich manchmal, vielleicht hatte er auch Bauchschmerzen oder er fror, denn ich stellte ihn zum Mittagsschlaf bei jedem Wetter – wie Gesell es empfahl – auf den Balkon.*

Unsere eineinhalb Jahre später geborene Tochter dagegen erzog ich nach Grundsätzen von René Spitz. Sein Buch hatte mich während meiner zweiten Schwangerschaft tief beeindruckt, und ich versuchte nach der Geburt von R., die neugewonnen Erkenntnisse in die Praxis umzusetzen. Da die

‚Mutter-Kind-Dyade' nach Spitz' Ansicht wesentlich ausschlaggebend für die Entwicklung des Kindes sein soll, schleppte ich R. ständig mit mir herum, reagierte auf jeden Piep und machte mich oft mit schlechter Stimmung zum Sklaven ihrer Wünsche und Bedürfnisse. Sie verwöhnte ich – nach meinem heutigen Wissen – übermäßig. Ich erinnere mich noch, daß sie, als sie ungefähr ein Jahr alt war, nachts oft gegen ein Uhr schreiend aufwachte und sie sich nur beruhigte, wenn ich sie in der Wohnung herumtrug. Setzte oder legte ich mich mit ihr hin, fing sie sofort wieder an zu weinen. Ich glaube, ich bin manchmal über eine Stunde mit ihr herumgelaufen.

Bald stellte sich heraus, daß ich beide erzieherischen Prinzipien nebeneinander nicht durchhalten konnte, und so kam bald eine Mixtur von Verwöhnung und Härte heraus. W., von früh auf gewöhnt, sich durchzusetzen, fing an trotzig zu werden. Auf seine ‚Ungezogenheiten' reagierte ich mit Schimpfen, Schreien und Liebesentzug. Danach plagte mich mein schlechtes Gewissen, und ich suchte ihn mit Nachgiebigkeit und Liebesbeweisen wieder zu versöhnen. R. dagegen bedrängte ich ständig mit Essen, Zuwendung und Zureden. Doch auch damit überforderte ich mich und zog mich zeitweise unvermittelt zurück, worauf sie zu schreien begann.

Wenn ich mich heute frage, warum ich in den ersten Lebensjahren meiner Kinder einen so konträren, aber doch überwiegend verwöhnenden Erziehungsstil hatte, so erkenne ich darin meine Unsicherheit. Ich war damals selbst noch nicht reif, ruhte noch nicht in mir selbst. Deshalb konnte ich kaum Anregungen aus Büchern mit meinen eigenen Lebenserfahrungen zu fruchtbaren Erkenntnissen verbinden. Auch dachte und handelte ich vorwiegend egozentrisch. Den für eine gute Erziehung so wichtigen Wert der Kooperation mit Vater und Kindern konnte ich erst allmählich entdecken, als ich, durch Trotz und übermäßiges Bravsein der Kinder herausgefordert, eine Therapie begann und damit den Weg der Selbsterziehung einschlug. "

Wenn ich den Bericht dieser Mutter auf mich wirken lasse, so fällt mir vor allem auf, wie groß die Suche nach Vorbildern, die Angst etwas falsch zu machen und der Ehrgeiz, es genau richtig zu machen, ist. Was das Kind vor allen Dingen von der Mutter braucht, und das gilt für jedes Alter, ist, daß sie es in seinen Bedürfnissen achtet und versucht, es in seinen jeweiligen Entwicklungsphasen zu verstehen. Denn jedes Kind ist ganz anders, so daß einem weder ein Buch noch der Vergleich mit einem anderen Kind noch die Erfahrungen der eigenen Kindheit genügend Antworten auf die unzähligen Fragen, die die Erziehung eines Kindes aufwirft, geben können.

Meine Erfahrung ist, daß viele Mütter (ebenso wie Väter) versäumen, ihre Kinder ausreichend zu beobachten. Dazu gehört das Sich-einfühlen-Können in die Welt des Kindes, d. h. bereit zu sein, das Kind wirklich kennen zu lernen.

Das ist immer ein wechselseitiger Prozeß. Auch das Kind muß allmählich die Mutter kennenlernen. Es reagiert darauf, wie sie es hält (vielleicht ruhig oder angespannt), wie sie mit ihm redet (liebevoll oder zu laut) oder wie sie es füttert (zu schnell oder geduldig).

Mutter und Muttermythos

Da die Mutter naturbedingt die erste Bezugsperson im Leben eines Kindes ist, ist sie es auch, die ihm am Anfang seines Lebens Liebe, Geborgenheit und Vertrauen geben muß. Ihre totale Zuwendung ist für den Säugling zunächst lebensnotwendig. Nur durch die innige Symbiose (Zusammenleben verschiedener Lebewesen zu gegenseitigem Nutzen) zwischen Mutter und Kind kann es heranwachsen und sich in Ruhe entwickeln. Als erster Mitmensch ist die Mutter entscheidend für das Gefühlsleben des Kindes. Sowohl ihr Charakter (es ist nicht egal, ob sie selbst ängstlich, geduldig, lieblos oder liebevoll ist), ihre Lebenseinstellung und Lebensgestaltung als auch das Glück oder Unglück ihrer Partnerschaft (oder ihre fehlende Partnerschaft) prägen den Charakter des Kindes.

„Ihre Geschicklichkeit oder ihr Mangel an Geschicklichkeit hat alle Fähigkeiten des Kindes beeinflußt. Unter der Geschicklichkeit einer Mutter verstehen wir ihre Fähigkeit, mit dem Kind zusammenzuarbeiten und das Kind zu einer Zusammenarbeit mit ihr zu gewinnen. Sie kann nur dann geschickt sein, wenn sie an ihrem Kind interessiert ist und sich damit befaßt, seine Liebe zu gewinnen und sein Wohlergehen sicherzustellen."[21]

Adler war der Auffassung, daß die Mutter zunächst zwei wichtige Aufgaben zu erfüllen habe. Sie muß unbedingt die kindlichen Wünsche nach Liebe und Geborgenheit erfüllen. In einem zweiten Schritt muß sie das Kind in seinem Interesse unterstützen, Beziehung zu seinem Vater und, falls vorhanden, zu den Geschwistern aufzunehmen, später muß sie ihm dabei helfen, Kontakt zum Kindergarten und zur Schule aufzunehmen.

Probleme in der Erziehung kann es dann geben, wenn die Mutter das Kind mit Zärtlichkeiten überhäuft, keine Mitarbeit erwartet, für es denkt, handelt und spricht und ihm damit jede Möglichkeit nimmt, eigene Kräfte und Autonomie zu entwickeln. Sie würde es damit an eine Phantasiewelt gewöhnen, die nicht existiert. Bei dieser maßlosen Verwöhnung wird das Kind den Kontakt zu anderen Personen ablehnen, da diese in der Regel nicht so verwöhnend sind.

Welchem überdimensionalen Anspruch Mütter ausgesetzt sind, wird deutlich, wenn man Kindern und Jugendlichen zuhört, wie sie über sie reden und welche Wünsche sie an sie haben:

*„Meine Mutter soll mit mir reden und mir zuhören, aber sie ist oft im Streß. Manchmal will **ich** aber auch alleine sein, aber wenn **sie** alleine sein will, bin ich sauer. Sie muß doch für ihr Kind da sein, sonst hätte sie sich ja keines anzuschaffen brauchen"* (Mädchen, acht Jahre).

*„Sie muß **immer** für ihre Kinder da sein, vor allem, wenn ich aus der Schule komme. Ich hasse es, in die leere Wohnung zu kommen"* (Junge, neun Jahre).

*„Eine Mutter muß ihre Kinder **immer** lieben"* (Junge, zehn Jahre).

„Meine Mutter soll mich in Ruhe lassen, immer fragt sie danach, wie es in der Schule war" (Junge, vierzehn Jahre).

„Eine Mutter sollte sich, auch wenn sie genervt ist, Zeit für ihre Kinder nehmen" (Mädchen, fünfzehn Jahre).

„Eine Mutter sollte immer freundlich und aufgeschlossen, immer ausgeglichen und geduldig sein. Sie muß immer für mich Zeit haben, alle meine Fragen zu beantworten. Sie muß mein Zimmer aufräumen und mir mein Lieblingsessen kochen. Aber so ist es fast nie. Meine Freunde und ich auch, wir müssen uns unser Essen mittags alleine aufwärmen, und die Mütter sind oft genervt" (Junge, fünfzehn Jahre).

„Mutterliebe ist so groß, sie ist mit menschlichen Worten gar nicht zu beschreiben" (Jugendlicher, siebzehn Jahre).

Eins wird deutlich, Mütter sollen ungeheuer viel leisten. Die Riesenerwartung an sie und das hohe Ideal, wie sie zu sein haben, machen es den Frauen immer schwerer, ihren eigenen und den gesellschaftlichen Maßstäben gerecht zu werden. Die Rollen als Partnerin, Hausfrau, Mutter und berufstätige Frau gleichermaßen gut zu erfüllen, muß zwangsläufig Konflikte schaffen. Die Ansprüche sind oft widersprüchlich, unvereinbar, und sie scheinen zur Zeit noch zu wachsen. Dadurch entstehen Schuldgefühle, dem Kind nicht genug geben zu können (Väter haben diese eher selten).

Nicht-berufstätige Mütter werden oft als „Glucken" bezeichnet, die sich zu viel um die Kinder kümmern.

Berufstätigen Müttern wird vorgeworfen, daß sie dem Kind durch die täglich neue Trennung schaden.

Dahinter steht der Meinung, nur die Mutter allein sei dafür verantwortlich, daß es dem Kind gut gehe.

Die Gefühle, keine „gute" Mutter zu sein (oder gewesen zu sein), haben beide. Das Thema höre ich bei dreißigjährigen ebenso wie bei achtzigjährigen Müttern.

Eine Mutter erzählt, wie sie aus ihrem Gefühlsdilemma herausgekommen ist:

*„Als ich wieder arbeiten ging (als mein Sohn zwei Jahre alt war), konnte ich mich zunächst kaum auf die Arbeit konzentrieren. Ich wußte verstandesmäßig, daß seine Tagesmutter ihn gut versorgte, aber gefühlsmäßig meinte ich, alles, was er brauchte, konnte doch nur ich ihm geben. Dazu kam, daß ich meinte, meinem Mann beweisen zu müssen, daß ich **alles** gut schaffen würde. Er war nämlich zunächst dagegen, daß ich wieder arbeiten ging. Ich habe alles für beide gemacht, ständig geputzt und perfekt gekocht, bis mir irgendwann auffiel, daß ich kaum noch Zeit hatte, mit meinem kleinen Sohn zu spielen. Was uns allen wirklich fehlte, fiel mir in unseren Ferien auf, nämlich das ruhige Miteinander-Sein. Ich wußte gar nicht mehr, was er gerade für Entwicklungsschritte machte. Eine entscheidende Veränderung wurde erst möglich, als ich in vielen Gesprächen meinen Mann für eine größere Mitarbeit gewinnen konnte, d. h. ich mußte sie vehement verlangen. Als ich ihn wie selbstverständlich wortlos weiter verwöhnte, wie in der Zeit, als ich noch zu Hause war, brauchte er sich gar nicht zu bemühen. Erst als mir klar wurde, und zwar durch viele Gespräche mit anderen Müttern, daß ich beides wollte, Kind und Beruf, konnte ich eindeutige Forderungen ihm gegenüber stellen. Mir half dabei auch das Lesen einiger Bücher, denn ich hatte ja auch immer noch das Mutter-Ideal im Kopf: ‚Eine Mutter gehört nach Hause zu ihrem Kind.'*[22]

Trotz aller Belastungen wurde ich allmählich fröhlicher und selbstbewußter. Ist das nicht viel wichtiger für mein

Kind, als wenn ich traurig und mickrig zu Hause rumhänge! Ich kannte zwar die Untersuchungen, daß zufriedene, berufstätige Mütter auch zufriedene und sich gut entwickelnde Kinder haben können, aber dieses ewige Ideal machte es mir immer wieder schwer. Es hat einige Jahre gedauert, bis ich meine Berufstätigkeit vor allem positiv sehen konnte. Heute ist mein Sohn relativ selbständig, selbstbewußt, und vor allem hat er viele freundschaftliche Beziehungen. Natürlich kommt er auch schon mal und beschwert sich und sagt: ,Die Mütter von meinen Freunden sind immer zu Hause, wenn sie aus der Schule kommen', und dann setzt er auch hinzu: ,Na ja, dafür habe ich auch mehr Freiraum, weil du nicht auf mir gluckst.'"

Die wissenschaftlichen Auseinandersetzungen, ob die Abwesenheit der Mutter in den ersten Lebensjahren eines Kindes schadet oder nicht, werden immer noch heftig geführt. Untersuchungen zeigen sowohl, daß das Kind die Mutter braucht, als auch, daß wechselnde Betreuung zwischen Mutter und Tagesmutter (Tagesoma) bei Kindern unter drei Jahren nicht zu Schädigungen, sondern sogar zur Förderung beiträgt. Daß dieser Bereich nach wie vor nicht zur Zufriedenheit aller geregelt ist, wissen alle Eltern, die eine Tagesmutter, eine Kinderkrippe, Babygruppe oder einen Kindergarten suchen.

Zusammenfassend möchte ich wiederholen, was die zuletzt erzählende Mutter gesagt hat: *„Eine zufriedene, berufstätige Mutter* ist für ihr Kind bestimmt wichtiger als eine unzufriedene nicht-berufstätige." Jede Mutter muß für sich individuell herausfinden, was für sie selbst richtig ist. Ist sie gern jahrelang zu Hause und ist sie damit zufrieden, so ist es richtig. Für eine andere Mutter kann genau diese Lösung zu einer starken Unzufriedenheit führen. Sie will auch ein Kind, aber sie weiß genau, daß sie deswegen nie zu Hause bleiben könnte – dann ist auch das richtig.

Zur Entlastung für Mütter sei nochmals wiederholt: Untersuchungen haben nachgewiesen, daß Kinder berufstätiger wie nicht-berufstätiger Mütter weder emotional noch sozial schlechter dastehen. Andere Behauptungen bleiben ein Vorurteil.

Hier ist der Zusammenhang zum Thema „Verwöhnung": Solange Mütter fortwährend Schuldgefühle haben oder vermittelt bekommen, weil sie arbeiten gehen (oder auch nicht), solange werden sie als Kompensation auch eher zu maßloser Verwöhnung neigen.

Es wird immer noch davon ausgegangen, daß die Mutter, die ausschließlich zu Hause ist, (angeblich) viel Zeit für ihr Kind hat, mit ihm spielt und es ständig fördert. Das scheint ebenfalls ein Mythos zu sein. Im Rahmen einer Studie[23] wurde untersucht, wieviel Zeit die verschiedenen Mütter mit ihren Kindern verbringen. Die Nur-Hausfrau kümmert sich demnach die meiste Zeit um ihren Haushalt. Ansonsten sieht sie (zusammen mit ihren Kindern) fern – 21 Minuten pro Tag – ißt mit ihnen – 13 Minuten – und verbringt weniger als 10 Minuten am Tag damit, mit ihnen zu spielen bzw. ihnen vorzulesen. Diese Kinder verbringen also fünf Prozent des Wachzustandes in direktem Kontakt mit der Mutter[24].

Bei der berufstätigen Mutter wurde herausgefunden, daß sie zwar weniger direkt anwesend ist, aber genauso viel Zeit im direkten Kontakt verbringt.

„Die Bedeutung des indirekten Kontakts mit der Mutter ist fraglich; niemand hat gezeigt, daß die bloße Gegenwart irgendwelche positiven wie negativen Auswirkungen auf die kindliche Entwicklung hätte"[25].

Auch hier geht es wieder einmal um den Muttermythos. Selbstverständlich brauchen Kinder erwachsene Bezugspersonen (und zwar möglichst konstante) in ihrer unmittelbaren Umgebung, aber diese müssen keineswegs die leiblichen Mütter sein. Kinder können sich auch mit anderen Erwachsenen sicher und zufrieden fühlen. Mütter, die zu Hause sind, haben vielleicht eher Zeit für sich, das heißt aber nicht, daß berufstätige Mütter den Kindern weniger geben. Sie schlafen eher weniger und verzichten auf ihre Muße, um den Kindern mehr geben zu können.

Für Erziehung ist es nie zu früh

In der Fachliteratur zum Säuglingsalter gibt es unterschiedliche Stellungnahmen zu dem Thema, ob eine Mutter ihr Neugeborenes verwöhnen kann oder nicht. Kann es überhaupt schon erzogen werden, da es doch noch so klein ist?

Hilflos und hilfsbedürftig geboren, wird das Kind im Zusammenleben mit Mutter, Vater und Geschwistern eine Person. In diesem Miteinanderleben liegt die Chance der Erziehung. Dieser Prozeß des Werdens und der wechselseitigen Beeinflussung beginnt am ersten Tag und endet nie. Betrachten wir Erziehung so weit gefaßt, kann natürlich auch von Anfang an verwöhnt werden. Denn Verwöhnung ist eine erzieherische Haltung, die zur Gewöhnung führt und die vorwiegend unreflektiert in den Umgang und in die Pflege mit eingeht.

Im Hinblick auf solch eine umfassende Bedeutung von Erziehung ist es natürlich gut, wenn Eltern sich ihres Handelns bewußt werden, damit sie so die Entwicklung ihres Kindes fördern und begleiten können.

Bald nach der Geburt schießt die Milch ein, und das Stillen beginnt. Damit beginnt die Zeit, die in den Gemütern beinahe aller Menschen starke Emotionen und Erwartungen auslöst. Als ob das Bild der stillenden Mutter Sehnsüchte und Hoffnungen nach einem verlorengegangenen Paradies wachruft. In Literatur, Kunst und Religion wurde und wird die stillende Mutter als Symbol für die Mutter-Kind-Symbiose besungen.

Wenn das Stillen aus irgendwelchen Gründen zeitweise schwierig ist oder wenn es gar nicht zum Stillen kommt, löst das obengenannte Ideal starke Schuldgefühle bei Müttern aus. Diese beeinträchtigen jedoch das Selbstwertgefühl der Mütter, so daß Selbstzweifel und Ängste zunehmen. Dieses Zusammenspiel von Schuldgefühlen, Selbstzweifeln und Ängsten ist der Nährboden für Überbesorgtheit und Unsicherheit und begünstigt eine verwöhnende Haltung. Der Säugling wird beim Stillen nicht nur mit Milch gesättigt, sondern ebenso mit Gefühlen der Zuneigung, Geborgenheit, Sicherheit, Wärme und Zärtlichkeit „genährt". Das kann aber auch mit der Flasche verschwenderisch geschenkt werden.

Unmittelbar nach der Geburt beginnt die Kooperation zwischen Mutter und Kind. Hier stellt sich zum ersten Mal dem Ich des Babys das Du der Mutter gegenüber. Adler betont, daß die Mutter, um Verwöhnung vorzubeugen, das Stillen als ersten Akt einer Zusammenarbeit verstehen sollte. Die Mutter gibt die Milch, aber sie ist auf das Saugen des Kindes angewiesen. Bereits in dieser Phase des Kindes gilt: Es ist ein eigenständiges Wesen, und es hat ein Recht auf eine eigene Entwicklung. Auch bei der Einhaltung eines Ernährungsplanes muß die Mutter die Bedürfnisse ihres Kindes beachten. Der vierstündige Rhythmus, der in vielen Büchern über das Stillen vorgeschlagen wird, kann für das Durchschnittskind stimmen, muß aber nicht für jedes Kind gelten. Generationen haben danach gehandelt und ihre Kinder unnötig schreien lassen, da gerade ihr Kind bereits nach drei Stunden wieder Hunger hatte. Trotzdem gilt bereits jetzt: Maßlos verwöhnen bedeutet, das Kind an etwas Falsches gewöhnen.

Wenn das Kind weint, muß die Mutter allmählich lernen, herauszubekommen, warum es weint. Es jedes Mal sofort zu stillen, kann bereits ein Zuviel sein. Es weint vielleicht, weil es körperliche Zuwendung will, Spannungen im Bauch hat oder weil es naß ist.

Es kommt der Tag, an dem die Mutter das Kind abstillen will oder muß. Früher legten Mütter (oder Ammen) dann Wermutblätter auf die Brustwarzen. Diese waren bitter, und das Kind lehnte darum die Brust ab. Richtiger erscheint es, dem Kind schon jetzt nicht etwas zu versagen, sondern es in den nächsten Schritt der Entwicklung einzuführen. Hier setzt das Kind der Mutter unter Umständen seinen eigenen

Willen entgegen. Es schreit und fordert die Brust erneut. Da wird es mancher Mutter schwerfallen, das zu ertragen, und sie gibt vielleicht vorerst wieder auf. Sie wird nur dann das Kind dazu verlocken können, sich an die Flasche, an den Brei zu gewöhnen, wenn sie selbst ein größeres Ziel vor Augen hat: einen neuen Entwicklungsschritt ihres Kindes zu fördern. Hier wird bereits ein Thema deutlich, das sich durch die gesamte Erziehung ziehen wird: Ist die Mutter bereit, ihr Kind als eigenständiges und von ihr unabhängiges Wesen zu sehen und zu akzeptieren, trotz aller Zuwendung, die sie ihm lange Zeit geben wird?

„Meine Kerstin war sieben Monate alt, als sie, sobald sich niemand um sie kümmerte, einen Wutanfall bekam", erinnert sich eine Mutter. *„Sie schrie, bis sie ganz rot im Gesicht war. Sobald aber jemand zu ihr ans Bett kam, hörte sie auf und strahlte. Eigentlich war sie nie allein. Immerzu war etwas los, entweder spielte ich, mein Mann, meine Mutter oder meine beiden großen Jungen mit ihr. Sobald sie aus dem Bett heraus war, wurde sie von einem Schoß auf den anderen gereicht. Kerstin lernte früh, daß sie im Mittelpunkt stand. Sie lernte aber nicht, daß sie ihre Bedürfnisse auch selbst befriedigen und allein spielen könnte. Wenn sie weinte, kam sofort jemand angestürzt. Bekam sie Wut, nahm sie sofort jemand in den Arm."*

Bereits hier setzt **Ent**-mutigung ein. **Er**-mutigung aber könnte sein, das Kind zeitweilig auch sich selbst zu überlassen, ihm zum Beispiel Spielzeug in greifbare Nähe zu legen. Aufgabe der Eltern wäre es, andere Erwachsene und die anderen Kinder darin zu bestärken, nicht sofort angelaufen zu kommen, wenn Kerstin mal ein wenig unzufrieden ist. Bereits jetzt könnte sie daran gewöhnt werden, daß sie jeden Tag, für eine begrenzte Zeit, auch allein sein „darf".

Nun ist es für eine fürsorgliche Mutter nicht leicht, ihr Baby schreien zu hören und es nicht sofort hochzunehmen und zu trösten. Vielleicht hilft ihr dabei der Gedanke, daß auch eine „gute" Mutter **nicht sofort** und **immer** alle Bedürfnisse ihres Kindes erfüllen können muß. Zufrieden wird ihr Kind, wenn es lernt, zeitweilig auch für sich zu sein. Das schließt ja nicht aus, daß mit dem Kind gespielt, geschmust und geredet werden soll.

Aufgabe des Vaters

Ein Vater, derzeit vor allem Hausmann, erzählt:

„Obwohl ich hauptsächlich zu Hause bin (meine Frau arbeitet dreißig Stunden, und ich bin selbständig), habe ich nicht das Gefühl, daß ich die meiste Erziehungsarbeit mache. Ich bin viel mit Leo (jetzt zweieinhalb Jahre) zusammen, aber sämtliche Probleme kommen zwischen meiner Frau und mir auf den Tisch. Wir reden darüber, wie er z. B. seine Grenzen auszuprobieren versucht. Bisher sind wir uns da ganz wunderbar einig.

Wir haben es nicht geplant, daß ich zu Hause bleibe, es gab gar keine Alternative, meine Frau hatte eine Stelle und ich (nachdem Leo ein Jahr alt war) keine mehr. Ich habe mich da gerne hineinbegeben und dachte: ,Prima, mach' ich. Ich habe keine Stelle, und das finde ich im Moment gar nicht schlecht.' Ich war nicht unglücklich darüber, daß ich zu Hause blieb, bis heute. Vielleicht, weil ich einiges nebenher machen kann, so daß ich nicht ausschließlich für Leo da bin.

Ich fange jetzt frisch an, über das Thema Verwöhnung nachzudenken, und merke, daß es bei mir negativ besetzt ist. Ein verwöhntes Kind ist für mich ein zickiges Wesen. Eins, das rumzerrt, das die Erwachsenen nicht in Ruhe läßt, immer was will und dazwischenhaut. Das will ich unbedingt vermeiden, das wäre aktive Erziehungsarbeit. Ich möchte mir nicht auf der Nase rumtanzen lassen und Leo klar sagen: ,Hier sind meine Grenzen.' Ich habe ihn auch schon mal aus dem Zimmer rausgeschmissen, weil er mich zur Weißglut gebracht hat, und ich glaube, das ist auch mal ganz richtig so. Da gab es Geheul und Tränen im Flur, und das haben wir wieder bereinigt, und irgendwie hat er es dann gelassen. Also, er hatte Filzstifte auseinandergenommen und wollte damit auf dem Sofa malen. Das fand ich überhaupt nicht gut – und er hat es auch nicht wieder versucht. Irgendwann kam dann was anderes. Gut, er muß ja auch ausprobieren.

Ich glaube, Verwöhnung wäre hier, wenn ich ihm keine klare Haltung entgegensetze, wenn ich selber schwammig bin und nicht weiß, was ich will.

Wenn er sonst etwas ausprobiert, das kann ich ganz gut aushalten, das haben mir andere auch bestätigt. Er macht viel allein, klettert allein auf den Stuhl und tut sich nichts. Da kann ich prima loslassen. Wenn er hochturnt, dann bin ich sprungbereit. Aber ich steh' auch nicht ängstlich dahinter, mit dem Risiko, daß er mal fallen kann. So richtig ernsthaft ist es noch nicht passiert. Da habe ich eher die Haltung: ,Lauf mal, probier mal, mach' alleine.' Das kann ich nicht haben, immer um ein Kind rumlaufen, falls es mal fünf Zentimeter aus dem Gleichgewicht kommt. Das empfinde ich als fürchterlich einengend, und ich kann es selber nicht haben, wenn mich jemand in Watte bettet. Da würde er sich heute auch schrecklich wehren. Ich weiß nicht, ob er es dadurch gelernt hat. ,Alleine' ist sowieso im Moment das Zauberwort. Er läßt sich nicht gerne schieben und halten – würde ich auch nicht gerne machen."

Ich habe bewußt einen aktiven Vater nach seinen Erfahrungen befragt, obwohl ich natürlich weiß, daß in den meisten Familien eher die „abwesenden" Väter die Regel sind. Nicht jeder Vater kann (oder will) so leben und handeln, aber zeigte nicht bereits dieser kurze Ausschnitt aus dem Zusammenleben von Vater und Sohn, was beide voneinander haben, sich geben und nehmen können?

Die Mutter hat der Sohn ebenfalls, auch wenn sie dreißig Stunden außer Haus ist. Sie weiß ihren Sohn gut versorgt, liebevoll betreut und kann darum beruhigt ihrer Arbeit nachgehen.

Die Behauptung, daß der Mann keine „gute Mutter" sein kann, ist ebenso ein Mythos wie, daß nur die „richtige" Mutter das Kind gut versorgen kann.

Mir scheint aber auch, daß die positive Beziehung zwischen Vater und Sohn nur deshalb möglich ist, weil die Mutter (trotz gesellschaftlich noch anderer Normen) bereit ist abzugeben. Ein Punkt, der vielen anderen Müttern noch sehr schwer fällt.

Der Vater erzählt weiter:

„Da ich bei der Geburt dabei war, hatte ich gleich zu Anfang eine Beziehung zu Leo – es war Liebe auf den ersten Blick.

Ich hatte dann zu Hause nicht so viel zu tun, daß mich das auffraß, ich arbeitete zwar noch, aber nicht mehr so intensiv. Ich konnte mich darum innerlich auch auf zu Hause konzentrieren – und habe es in vollen Zügen genossen.

Am Anfang klappte das Stillen nicht. Ich hatte vorher so ein schönes Bild, daß man als Vater tatkräftig nicht so viel machen kann, außer man versucht, den äußeren Rahmen zu gestalten, daß man guckt, ob alles klar geht, damit das Baby in Ruhe trinken kann und die Mutter nicht in Hektik kommt. Das habe ich versucht hinzukriegen, ist mir, glaube ich, auch ganz gut gelungen. Insofern konnte ich auch immer etwas für ihn machen – indirekt.

Der Draht war aber nie abgerissen, seit dem ersten Tag, da ich ihn immer schon gewickelt habe. Es war ein Teilhaben an seiner Entwicklung und damit auch ein kontinuierliches Ausformen von Beziehung zu ihm. Er ist mir nicht aufgedrängt worden, aber ich mußte auch nicht um ihn kämpfen. Wenn ich kam, war meine Frau froh, daß sie nicht schon wieder wickeln mußte. Da war kein Kampf und kein Zerren ums Kind.

Ich war schon immer sehr nah an ihm dran, obwohl ich das sicher nicht richtig beurteilen kann. Wir Erwachsenen sind uns auch beide sehr wichtig, d. h. daß wir viele eigene Interessen haben, wo wir uns sogar gegenseitig stören und ein Kind auch stört, und die versuchen wir durchzusetzen. Leo muß einfach mitmachen. Ich sag' zu ihm z. B.: ‚Ich muß jetzt anrufen, das ist wirklich wichtig, und das ist nicht die Oma, laß mich jetzt mal in Ruhe.' Das klappt erstaunlicherweise. Ich weiß gar nicht, ob er alles versteht, was ich ihm da erzähle. Aber er ist ruhig, spielt und guckt sich ein Buch an. Und dann fragt er, ob ich fertig wäre. Er hat genau verstanden, ich will in Ruhe gelassen werden, und ich freue mich, daß ich mich so klar verständlich machen konnte, und darum brauche ich ihn auch nicht auszusperren.

Wenn ich gerade mit einem Kleber hantiere, würde es stören, wenn er da sein Tier raufschmeißt. Ich denke, es ist wichtig, ihn einzubeziehen und ihm klar zu machen: ‚Das ist jetzt etwas, wo ich mich sehr konzentrieren muß und was nur ich machen kann. Aber du kannst dabei sein.' Meine Klarheit finde ich dabei sehr entscheidend. Ich gebe ihm dann Sachen, mit denen er selber hantieren kann, nicht gerade ein scharfes Messer. Er versteht, daß er das andere nicht anrühren darf. Dann kann ich ein wirklich frisch aufgezogenes, wertvolles, großes, mit viel Mühe gemachtes Foto liegen lassen und ziemlich sicher sein, er faßt da jetzt nicht drauf. Wenn ich Eile habe, dann geht überhaupt nichts, dann setzt er sich mitten drauf. **Ich** muß mir klar machen, er ist da, also brauche ich mehr Zeit. Mir brauche ich es nicht erklären. Damit er zugucken kann, stelle ich ihm einen Stuhl hin, sonst reißt er an meiner Hose, und meine Arbeit geht daneben.

Es ist nicht immer so ideal, wie ich es jetzt geschildert habe, er macht schon mal einen Bleistiftstrich, der da nicht sein soll.

Wir Eltern sind beide die Jüngsten der Geschwister und haben die Erfahrungen gemacht, daß sich das Leben nicht *nur um uns dreht. Das ist ein Prinzip, das ich ihm vermitteln will. Dazu gehört, daß er einsieht: ‚Jetzt dreht sich überhaupt nichts um dich, aber du bist da. Ich finde dich jetzt nicht fürchterlich und du bist nicht blöd und störend, aber jetzt mach ich etwas allein. ‚Mir ist wichtig, daß er nicht die Angst hat, wenn ich etwas anderes mache, spielt er keine Rolle für mich. Er hat ein riesiges Interesse und große Neugier zu lernen, und da bin ich auch stolz drauf. Wenn einer sich so für mich interessiert, das ist eine prima Sache. Natürlich hat er das Recht zu sagen: ‚Papa, ‚piele‘. Und dann bin ich auch voll dabei. Dann bauen wir mit der Eisenbahn und vergessen, daß wir essen müssen."*

Dieser Vater ist immer wieder bereit, seinen kleinen Sohn ernst zu nehmen, sich in dessen Bedürfnisse einzufühlen. Aber der Vater scheint auch seine eigenen Bedürfnisse sehr gut zu kennen – und er gibt sie nicht auf, nur weil Leo da ist. Er zeigt sie sehr eindeutig und erklärt Leo genau, wo seine Grenzen sind. Und, ich finde das gar nicht erstaunlich, Leo akzeptiert sie. Ich meine, weil er sich nicht abgelehnt fühlen muß, sondern auch in seinen Wünschen geachtet wird. Und weil der Vater es anscheinend auch schafft, seine Versprechungen einzuhalten, wenn er klar sagt: ‚Ich mache jetzt erst das – und dann können wir beiden etwas zusammen machen.‘ Ein klarer Hinweis, den bereits der Zweieinhalbjährige versteht.

Hier wird auch deutlich, es geht nicht um die besonderen Aktivitäten, sondern um das alltägliche Miteinanderleben. Nicht jeder Vater hat diese idealen Bedingungen, daß der Sohn den Beruf des Vaters direkt miterleben kann, aber können sich nicht auch im Haushalt, beim Renovieren, Reparieren oder bei der Gartenarbeit Situationen ergeben, in denen Vater und Kind gemeinsam „arbeiten" könnten?

Hören wir den Bericht dieses Vaters weiter an:

„Mir fällt beim Erzählen auf, daß er zu wenig mit Kindern zusammen ist und zu viel mit uns. Er hat viel Spaß mit anderen Kindern, er hat auch schon Freunde, aber es ist noch

zu selten. Wir sind bisher ein Übergewicht. Und wir sind eben stärker. Wenn ich wollte, könnte ich ganz anders, und darum bin ich nicht immer ganz echt. Ich setze meine Bedürfnisse nicht hundertprozentig durch – dann würde ich ihn wegschubsen. Er findet immer ein moderates Gegenüber, immer jemanden, der sich nicht voll auslebt. Er ist ja in Abhängigkeit zu mir. Darum wird es jetzt wichtig, daß er eine Kindergruppe hat, zwei-, dreimal die Woche.

Dann hätte ich auch wieder mehr Zeit, und er hätte die Gelegenheit, bei anderen Grenzen zu testen und andere Reaktionen zu kriegen. Da wird er dann auch mal eine gewischt kriegen.

Ich denke, es ist auch Verwöhnung, wenn ein Kind zu Hause immer nur eine ‚heile Welt‘ vorgespiegelt bekommt, die es so draußen ja nicht gibt. Darum soll unser Sohn auch außerhalb noch eine andere Realität kennenlernen. Bei uns weiß er genau, wenn wir schimpfen und wenn wir mal sauer sind und daß wir ihn trotzdem gern haben. Draußen wird es dann sicher auch mal Tränen geben, aber damit muß er auch klarkommen lernen.

Ich denke, die Menschen sind auch viel interessanter, die eckig und kantig sind, Konflikte im Leben hatten und sie überwunden haben, als die, die prima weich gebettet durchs Leben ge-glitten sind – die sind doch fad und langweilig, so schmerzhaft das sicher oft ist. Es ist schöner, sich mit so jemandem zu unterhalten als mit dem, der nichts zu berichten hat und der sich nie auseinandersetzen mußte. Und Leo soll ein interessanter Mensch werden und nicht so ein langweiliger.“

Diese Eltern sehen es richtig, daß sie, um einer maßlosen Verwöhnung frühzeitig vorzubeugen, weitere Personen – andere Erwachsenen und Gleichaltrige – in Leos Leben mit einbeziehen müssen. Diese Erweiterung seines, aber damit auch ihres Lebens kann ein Gewinn für alle sein.

Er hat sich nie in die Erziehung eingemischt

Frage ich „ehemalige" Kinder nach ihren **Vätern**, so empfinde ich deren Antworten als erschreckend. Die meisten Väter werden als abwesend, sich heraushaltend oder als Phantasiegestalten erinnert. Viele, ob Söhne oder Töchter, haben häufig Mangel-, Wut- oder Trauergefühle, wenn sie über ihre Väter nachdenken und reden. In den zahlreichen Büchern der letzten Jahre zu dem Thema „Väter" werden das Unvermögen und Unverständnis der Väter betont. Der **abwesende** Vater war (und ist es oft auch noch heute) für die meisten die Realität. (Und trotzdem wird für Mißlingen der Erziehung immer noch und wieder die Mutter allein verantwortlich gemacht!) Durch den abwesenden Vater aber wird den Kindern nicht nur der Vater vorenthalten, sondern auch Anteile der Mutter, da diese als „Alleinerziehende" den Kindern alles sein soll, was von ihr aber nicht zu leisten ist.

Erinnerungen Erwachsener hören sich dann z. B. so an:

„Er wohnte zwar bei uns, aber er war nie da."

„Mein Vater hat alles unserer Mutter überlassen."

„Wenn er nach Hause kam, ging er in den Garten, er hat nie gefragt, was ich erlebt habe."

„Ich wünsche mir noch heute, daß er mit mir redet, aber mich auch nicht zu sehr beschützt."

„Ich habe heute noch das Bild: Ein Vater liegt auf dem Teppich und spielt mit seinen Kindern, er erzählt tolle Geschichten, ist immer fröhlich und umarmt seine Frau, wenn er nach Hause kommt. Erlebt habe ich das selbst nie, aber auch heute noch, als fünfzigjährige Frau, habe ich eine unstillbare Sehnsucht nach diesem Vater."

Natürlich gibt es auch Väter, die in der Erziehung gern aktiver und anwesender sein möchten und deshalb Schuldgefühle haben und einen Mangel verspüren.

Ein Vater:
„Ich leide darunter, daß ich, durch meinen Beruf bedingt, nicht mehr zu Hause sein kann."

Endlich habe ich Zeit für meine Kinder

Diese zeitweilige oder dauernde Abwesenheit kann auch eine zusätzliche maßlose Verwöhnung bewirken, z. B. durch übertriebene Fahrten ins Wochenende, exklusive Reisen oder teure Geschenke. Väter sollten wissen, daß sie das vielleicht deshalb tun, um ihr Kind seinen Verzicht in der übrigen Zeit nicht so deutlich spüren zu lassen und um ihm seine Abwesenheit zu versüßen. Aber Kinder lassen sich nicht belügen. Sie meinen es ehrlich, wenn sie sagen: „Mein Vater sollte lieber mal mit mir spielen, statt mir was zu schenken."

Das gilt für den Vater mit Besuchsrecht natürlich ganz besonders. Er, der sein Kind nur an jedem zweiten Wochenende sieht (oder auch noch seltener), ist immer in der Gefahr, mit außergewöhnlichen Aktivitäten, überdimensionalen Geschenken und Erfüllung jedes Wunsches zu glänzen. Er wird damit für das Kind etwas Besonderes. Für die alltägliche Erziehung bleibt die Mutter zuständig. Selbst Väter, die in der Familie leben, beteiligen sich weltweit nur mit **zwölf Minuten** pro Tag an der Kindererziehung (nach Untersuchungen des Club of Rome, 1986). Wie gering mag dann erst die Zeit bei Vätern sein, die mit den Kindern nicht mehr zusammenleben?

Väter haben in der Vergangenheit in der Mehrzahl ihre Rolle nicht oder zu wenig wahrgenommen. Sie hatten die Meinung, daß sie ihre Aufgabe genügend erfüllen, wenn sie für den Lebensunterhalt ihrer Kinder aufkommen würden. Nur acht bis zehn Prozent der Männer beteiligen sich partnerschaftlich an der Hausarbeit[26], doch auch dieses Vorbild gehört mit zur Erziehung. Die meist ungestillte Sehnsucht erwachsener Söhne und Töchter (jeder Generation) zeigt aber deutlich, was vielen Menschen in ihrer Entwicklung gefehlt hat. Dazu sagt eine erwachsene Tochter, stellvertretend für viele:

„Als meine Mutter so krank war, sackte ich in meinen Leistungen in der Schule ab, da drohte sogar Sitzenbleiben, und ich sollte nicht mehr das Abitur machen. Da war mein Vater wichtig, und wir haben das einzige (!) tolle Gespräch gehabt. Er ist mit mir spazierengegangen, und wir haben miteinander gesprochen, und dann war's in Ordnung."

Beziehung zu den Kindern aufbauen und halten ist nicht nur eine Frage von Zeit allein. Ein Vater, der seine Rolle als Vater annimmt und bereit ist, seinem Kind liebevolle Zuwendung, Gefühle und Geborgenheit zu geben, kann dies auch in begrenzter Zeit tun.

Eltern sein – von einem Tag auf den andern

Erziehung ist keineswegs nur Aufgabe der Mütter. Und so möchte ich im folgenden **die Eltern** ansprechen. Zwar kenne ich die Situation, daß sowohl in den Familien als auch im öffentlichen Leben (bei Elternabenden in Kindergarten und Schule, in Erziehungsberatungsstellen) mehrheitlich Mütter anwesend sind, da sie sich vorrangig für die alltägliche als auch für falsch gelaufene Erziehung verantwortlich fühlen. Aber das Engagement von (leider noch viel zu wenigen) Vätern läßt hoffen.

Die Geburt eines Kindes verändert das Leben eines Paares vollkommen. Waren sie vorher in ihrer Freizeit- und Lebensgestaltung weitgehend unabhängig, konnten ihren Interessen miteinander oder einzeln nachgehen, so müssen sie sich jetzt darauf einstellen, über lange Zeit auf die wechselnden Bedürfnisse ihres Kindes Rücksicht zu nehmen. Auf abendliches Ausgehen, kulturelle Ereignisse oder spontane Reisen muß häufiger verzichtet werden. Ihr Schlaf (bzw. Schlafdefizit) ist vom Entwicklungsstand und von der Gesundheit ihres Säuglings abhängig.

Diese Veränderungen in ihrer Partnerschaft sind enorm, sie versetzen viele Paare in Konflikte. Diese Anforderung, aus der Zweiersituation eine Dreierkonstellation zu machen, prüft die Eltern daraufhin, ob sie bereit sind, sich flexibel auf diese neue Situation einzustellen. Das Kind bereichert die Eltern durch sein bloßes Dasein, seine Liebesbedürftigkeit und seine ständigen Entwicklungsschritte unendlich. Es appelliert an seine Eltern, sich ebenfalls zu entwickeln und zu verändern.

Die Kinder werden im Laufe der Entwicklung täglich etwas Neues hinzulernen, aber auch Eltern können täglich von ihren Kindern lernen. Wollen sie, daß ihre Kinder eine gewisse Regelmäßigkeit im Leben lernen, so müssen sie bereit sein, sich in ihrem Leben einer gewissen Regelmäßigkeit zu unterziehen. Wenn sie sich nicht verändern wollen, können sie es – wenn sie glaubwürdig sein wollen – auch nicht von ihren Kindern verlangen.

Viele Eltern haben das Erziehungsziel: „Mein Kind soll selbständig werden." Fragt man sie aber genauer, wie dieses Ziel umzusetzen ist, so haben sie oft keine konkreten Vorstellungen. Vor allem verbinden sie damit häufig nicht die Überlegung: Wie sieht denn meine eigene Selbständigkeit (dem Partner, dem Kind gegenüber) aus? Sind die Eltern selbst unselbständig oder ängstlich, erleben sie die Umwelt als feindlich, so werden sie ihr Kind in der Weise verwöhnen, daß sie ihm viele Aufgaben abnehmen. Sie „binden" das Kind zu stark an sich, um es nicht Gefahren außerhalb der Familie auszusetzen. Durch diese überstarke Bindung kann es aber leicht zu Entwicklungshemmungen kommen, die sich manchmal in sogenannten „Kinderfehlern" (Stottern, Bettnässen, Einkoten...) äußern. Kinderfehler zeigen immer, daß das Kind in einigen Bereichen aufgegeben hat, und daß die Eltern bereit sind, diese Bereiche für es zu übernehmen. Sie werden auch darauf bedacht sein, daß das Kind sich nicht zu schnell von ihnen wegbewegt und zu anderen Menschen nicht zu intensive Beziehungen aufnimmt. Eltern, die sich sowohl gemeinsam als auch einzeln dem Kind zuwenden, können sich miteinander wohlfühlen und weiterhin ihren Interessen nachgehen. Sie sind für das Kind eine ständige positive Herausforderung.

Wie man mit einem Kind reden kann, ohne zu viel zu reden, zeigt die Haltung eines Elternpaares, mit dem ich ein längeres Gespräch geführt habe und das ich hier zu Wort kommen lassen möchte. Beide Elternteile, Vater und Mutter (Hans und Cordula) fühlen sich für die Erziehung ihrer vierjährigen Tochter Lisa gleichermaßen zuständig:

M.H.-K.: *„Eines der schwierigsten Themen ist wohl die Selbständigkeit. Kinder machen täglich etwas Neues. Wie seid ihr mit diesem Thema umgegangen, wenn der eine zur Tochter vielleicht gesagt hat: „Mach' doch!" und der andere eher „Nein, Vorsicht!" Kam es dann zu Streitereien zwischen euch?"*

Hans: „Nein. Aber das ist zwischen uns wahrscheinlich schon deshalb kein großes Problem, weil wir uns abgesprochen haben, wer wann für Lisa zuständig ist. Dieser Vorschlag kam von Cordula."

Cordula: „Wir haben relativ viel Zeit aufgeteilt, wo der andere sich dann heraushält oder weggeht oder etwas für sich macht. Das geht dann z. B. so: ‚Ich mache jetzt die Küche, bringst du sie ins Bett?'"

M.H.-K.: *„Sagt sie dann nicht: ‚Ich will jetzt aber von der Mama ins Bett gebracht werden?'"*

C.: „Sie hatte mal so eine Phase. Wir sind dann aber nicht darauf eingegangen."

M.H.-K.: *„Das spricht für die Regelung."*

H.: „Gerade heute war wieder so eine Situation: Sie kam zu dir, und du hast gesagt: ‚Ich muß noch einkaufen, geh' zu Papa.' Das machte sie dann ohne Probleme."

C.: „Beim Essen gibt es manchmal noch unklare Situationen. Wir sehen dann beide zu sehr auf Lisa, wie sie gerade ißt. Dann fängt Hans manchmal an, mich zu kritisieren, daß ich sie in Ruhe lassen soll. Dann sehe ich es entweder ein oder nicht. Dann knistert es manchmal. Es ist aber immer wieder die Frage, wie stark soll man eingreifen oder das Kind lassen. Auch bei Unterhaltungen funkt sie dazwischen. Die Dreierkonstellation zwischen Eltern und Kind empfinde ich als kompliziert. Wenn beide Eltern zusammenhalten, ist es für das Kind auch schwierig. Beide wissen genau, wie es zu laufen hat – dann tut sie mir auch leid."

Nun folgt ein längerer Disput darüber, wie schwierig es ist, einem Kind nicht jeden Essenswunsch zu erfüllen. Lisa besteht darauf, Süßigkeiten gekauft zu bekommen. Die Mutter versucht, ohne mit ihr zu kämpfen, nicht immer darauf einzugehen. Wie es der Mutter dabei geht, schildert sie sehr eindrücklich.

C.: „Neulich hatte ich Baumkuchen gekauft, den essen wir beide sehr gerne, aber er ist auch teuer. Sie kann nicht aufhören und liegt mir drei Tage in den Ohren, ob ich nicht wieder Baumkuchen kaufen könnte: ‚Der ist so lecker.‘ Und wenn ich einen Vorrat habe und dann Widerstand leisten soll, wird es absolut schwierig. Das einzige, was sie akzeptiert, ist, daß wir für Hans etwas aufheben. Ich bin dann unsicher: Verwöhne ich sie zu sehr? Heute habe ich Müslischnitten gekauft. Ich sagte: ‚Aber nicht alles aufessen.‘ Dann ißt sie ein, zwei, drei Stück: ‚Ich hab‘ noch Hunger!‘ Dann sage ich: ‚So, das ist jetzt aber die letzte.‘ – ‚Och, noch eine, ich habe noch Hunger, die schmecken so gut.‘ Ich: ‚Nein, das war die letzte.‘ Und dann meckert sie erst mal rum.

M.H.-K.: *„Kannst du dann standhaft bleiben?"*

C.: „Das ist schwer – nicht immer gelingt es mir. Doch heute habe ich es geschafft, vier waren noch übrig, die bekommt sie dann morgen. Sie setzt ständig auf die Tour: ‚Ich habe Hunger.‘ In diesen Alltagssituationnen gebe ich insgesamt zu viel nach."

M.H.-K.: *„Weißt du, warum?"*

C.: „Das geht mir auf die Nerven. Ich kann den langanhaltenden Widerstand von ihr nicht aushalten. Es gibt aber auch Neins, die sie akzeptiert, wo zwar Kämpfe nötig waren, aber dann macht sie es."

H.: „Wir haben sehr früh angefangen, mit ihr zu sprechen. Wir haben nicht angeordnet, sondern erklärt."

C.: „Aber ohne sie vollzureden. Ich erlebe, daß viele Kinder für Worte gar nicht mehr zugänglich sind, weil zu viel argumentiert wird. Wir haben darauf geachtet, sie einzubeziehen, uns aber nicht auf stundenlange Diskussionen eingelassen. Aber immer macht sie auch nicht mit."

M.H.-K.: *„Das kann man auch nicht erwarten. Denn sie muß auch sich und ihre Kräfte ausprobieren können."*

Obwohl Hans ein aktiver Vater ist, kann er viele Dinge im Alltag nicht immer mitgestalten. Er kann sie z. B. morgens nicht in ihre Kindergruppe bringen, weil das sein Arbeitstag nicht zuläßt. Es kann passieren, daß ein Vater trotz seines Engagements doch zu wenig für die Kinder da ist. Diese Eltern sehen die Gefahr ganz bewußt.

H.: „Ich war schon zwei-, dreimal mit ihr alleine verreist. Das sind zwar Sondersituationen, doch es hat zwischen uns eine intensive Beziehung geschaffen. Oder ich verbringe mit ihr alleine einen ganzen Sonntag. Zwei Freunde von mir machen es genauso. Es ist sehr angenehm, noch zwei Familien zu haben, bei denen es ähnlich ist. Wenn nicht diese klare Aufteilung wäre, dann hätte ich auch eher die Tendenz, alles Cordula zu überlassen. Das alte Rollenverhalten sitzt tief."

C.: „Ich fordere es aber auch. Ich habe es bei einer Freundin gesehen, und dadurch konnte ich es leichter. Dennoch habe ich das Gefühl: Ich arbeite schon an zwei Tagen in der Woche außer Haus, und dann bin ich wieder abwesend – das geht zu weit. Obwohl ich weiß, daß es Lisa mit Hans gut geht. Wenn das zweite Kind kommt, werde ich ihn noch mehr fordern müssen, weil ich sonst nicht weiß, wie ich alles schaffen soll.

Ich sehe ja, wie belastet er ist, und dann versuche ich, ihn zu schonen. Dennoch brauche ich Freiräume und Unterstützung."

Diese Eltern haben sich Unterstützung auch von außen geholt: Freunde, die es ähnlich machen, bei denen sie sehen, daß es gelingen kann, Regeln aufzustellen, an die sich alle im Prinzip halten. Manche Streitereien erledigen sich dann von selbst.

Kind im Wechselbad

Auf dem Spielplatz habe ich folgende Beobachtung gemacht:
Mutter, Vater und Kind, zwei Jahre alt. Das Kind spielt im Sand. Die Eltern sitzen auf der Bank und schauen zu. Ein anderes Kind versucht, ihm die Schaufel abzunehmen. Der Vater wartet ab, die Mutter hält es nicht lange aus und mischt sich wortgewaltig in diesen kleinen Konflikt ein. Sie vertreibt das andere Kind. Als ‚Ruhe' eingekehrt ist und sie wieder auf der Bank sitzt, versucht ihr Partner mit ihr über diese Situation zu reden. ‚Du hättest doch auch mal abwarten können, ob er sich nicht alleine wehrt.' Sie reagiert darauf sehr heftig: ‚Das ist mal wieder typisch, jetzt bin ich auch noch schuld, weil ich ihm nur geholfen habe.' Eisiges Schweigen beendet dieses Gespräch.

Ebenfalls auf einem Spielplatz, eine noch junge Familie:
Die Mutter sitzt auf der Bank und der Vater in der Buddelkiste und spielt mit seinem dreijährigen Sohn. Plötzlich klemmt dieser sich an seinem Auto einen Finger ein. Der Vater will ihn trösten, aber sofort kommt die Mutter angelaufen, nimmt den Sohn auf den Arm und verspricht ihm ein Eis zu kaufen, wenn er nur aufhöre zu weinen. Der Vater steht hilflos daneben und fühlt sich sichtlich unwohl.

Zwei alltägliche Beispiele, aber sie sagen beide etwas aus. Sie zeigen zum einen, wie schwer es für Kinder, vor allem in der

Großstadt, ist, ihre Konflikte unbeaufsichtigt von Erwachsenen auszutragen, und wie schwer es für Eltern ist, sich herauszuhalten.

Aber mir geht es noch um einen anderen Aspekt. Da zwischen manchen Eltern eine Konkurrenz besteht, verzichtet manchmal ein Elternteil auf seinen erzieherischen Einfluß.

Im ersten Beispiel versucht der Vater, seine Partnerin auf eine falsche Erziehungshaltung aufmerksam zu machen. Er will nichts anderes, als mit ihr darüber ins Gespräch kommen. Ihre heftige Reaktion zeigt aber, daß sie sich angegriffen fühlt, daß sie mit ihrer zu verwöhnenden Haltung einen Fehler gemacht hat.

Im zweiten Beispiel nimmt die Mutter dem Vater das Trösten ab. Geschieht das häufig, wenn diese drei zusammen sind, wird auch der Vater sich darauf einstellen. Er, der eben noch sehr engagiert und bereit war, sich aktiv an der Erziehung zu beteiligen, wird sich langfristig aus diesem Geschehen zurückziehen. Und der Sohn wird sich nun mehr an die Mutter wenden.

Geschehen solche Reaktionen täglich immer wieder neu, ohne daß sie bewußt geklärt werden, werden sich bei einem Elternpaar unterschiedliche Haltungen entwickeln: „Weil du verwöhnst, muß ich streng sein" oder „Weil du so streng bist, muß ich verwöhnen."

Der Wechsel von Verwöhnung und Strenge ist also nicht nur das Ergebnis einer bestimmten Erziehungshaltung, sondern hat fast immer auch etwas mit einer ganz speziellen Partnerdynamik zu tun.

In jeder Familie kommt es zu verschiedenen Bündnissen. Bindet die Mutter „ihr" Kind stark an sich, schließt sie damit den Vater aus oder umgekehrt. Es gibt Familien, in denen der Vater alleine steht und die Mutter die Kinder auf ihre Seite zieht. Dann gibt der Vater häufig auf und überläßt der Mutter die Erziehung insgesamt, was ihrerseits wieder zu Vorwürfen führt.

Dazu sagt ein Vater:

„Bevor die Kinder kamen, hatte mich meine Frau stark verwöhnt. Dann kam unser Sohn, später noch die Tochter. Ich habe mir beide Kinder sehr gewünscht und freute mich sehr auf sie. Aber schon während der Schwangerschaft ging es los – meine Frau lehnte mich ab. Als der Sohn dann da war, schmuste sie nur noch mit ihm herum, mich ließ sie gar nicht mehr an sich heran. Ich war sauer. Auch an den Sohn ließ sie mich nicht heran, warf mir aber vor, ich sei zu streng mit ihm. Da wußte ich gar nicht mehr, was ich machen sollte – und ging aus dem Haus."

Eine Mutter von zwei Kindern erzählt:

„Weil ich in meiner Kindheit autoritär, d. h. vor allem auch gewalttätig erzogen wurde, wollte ich es bei meinen Kindern ganz anders machen. Ich machte zunächst alles für sie und fand das auch lange Zeit toll. Tagsüber, wenn ich alleine mit ihnen war, ging das auch ganz gut, da ich dadurch keine Konflikte mit ihnen hatte. Aber kaum kam abends mein Mann nach Hause, gab es Zoff. Die Kinder tobten herum, waren nörglerisch und stritten sich viel. Mein Mann mischte sich sofort ein, d. h. er schrie mich (aber auch sie) an: ‚Weil du ihnen immer alles erlaubst, spinnen sie hier rum.' Obwohl ich manchmal dachte: ‚Er hat ja recht', wehrte ich mich und brüllte zurück: ‚Kaum bist du zu Hause, schon gibt es Ärger.' Oft schaukelte sich die Situation so hoch, daß er wütend die Wohnung verließ und ich traurig zurückblieb. Ich hatte Schuldgefühle und vor allem: Ich fühlte mich unfähig zu erziehen. Die Situation zwischen uns spitzte sich so zu, daß ich mich ans Jugendamt wandte, um Hilfe zu bekommen. Uns wurde eine Familienberatung empfohlen. Wir gingen zwei Jahre lang dort hin und lernten einerseits, uns genauer zu beobachten und andererseits, andere Verhaltensweisen einzuüben. Vor allem aber lernten wir, unsere Konflikte, die wir als Eltern miteinander hatten, anzusprechen und sie nicht im Affekt vor unseren Kindern auszutragen."

Gegenseitige Schuldzuschreibungen führen zu endlosen und nutzlosen Debatten, die aber nicht konstruktiv, sondern destruktiv sind. Wichtig ist es, die bisherigen unbewußten Haltungen zu verstehen, um so allmählich den Partner wieder in seinem Verhalten zu akzeptieren. Der Vater muß verstehen, daß die Mutter deshalb verwöhnt, weil sie Angst vor Konflikten hat und sich die Auseinandersetzungen mit den Kindern nicht zutraut. Sie hat Angst, ihre Liebe zu verlieren und befürchtet, durch autoritäre Maßnahmen bei ihren Kindern ähnliche Fehler zu machen, wie sie es selbst bei ihren Eltern erlebt hat.

Die Mutter muß verstehen lernen, daß ihr Partner oft deswegen hart ist, weil er Angst hat, Gefühle zu zeigen, da er in seiner Kindheit gelernt hat, ein Mann dürfe nicht weich sein.

Eine Frage der Reihenfolge: einzelne, älteste und jüngste Kinder

Für das Thema Verwöhnung ist auch von Bedeutung, ob ein Kind Geschwister hat oder nicht. Alfred Adler hat als erster genauer beobachtet und ausführlich beschrieben, welche entscheidende Rolle die Stellung innerhalb der Geschwisterreihe spielt. Er meint, daß es ein allgemeiner Irrtum sei, anzunehmen, daß Kinder, die in derselben Familie aufwüchsen, auch denselben Einflüssen ausgesetzt seien[27].

Er sagt, daß Einzelkinder, Älteste und Jüngste am meisten verwöhnt würden. Darum habe ich solche Kinder im folgenden genauer beschrieben. Ihnen ist gemeinsam, daß sie eine besondere Stellung innerhalb der Familie haben. Einzelkinder und Älteste verbringen die ersten Jahre ihrer Kindheit hauptsächlich mit Erwachsenen, es sei denn, man verschafft ihnen bewußt Möglichkeiten, eng mit anderen Kindern aufzuwachsen. Dadurch bekommen sie (zu) viel Aufmerksamkeit, die sie dann häufig in der ersten Gruppe außerhalb der Familie (dem Kindergarten) auch deutlich einfordern. Das jüngste Kind ist zu Hause immer das kleinste und deshalb das unselbständigste, zumal es oft nicht nur von den Eltern, sondern auch noch von den anderen Geschwistern verwöhnt, aber auch bevormundet wird.

Das einzige Kind

Das einzige Kind, das allein mit Erwachsenen lebt, sich also nur mit diesen vergleichen kann, ist der Gefahr der maßlosen Verwöhnung besonders ausgesetzt. Durch den engen Kontakt mit seinen Eltern oder einem Elternteil ist es allein ihren Erziehungsmaßnahmen, ihren Erwartungshaltungen und ihren Liebesbeweisen ausgesetzt. Dieses Mehr an Zeit, Zuwendung, Beachtung und auch an Geschenken kann förderlich, aber auch bedrängend und bedrückend sein. Das Kind kann dadurch das Gefühl entwickeln: „Da ich für meine Eltern etwas Besonderes bin, bin ich es auch (selbstverständlich) für andere Menschen." Daraus entwickeln sich leicht überhöhte Ansprüche, die außerhalb der Familie aber nur schwerlich erfüllt werden und zu Konflikten führen können. Das Kind ist zu Hause zwar „König" und hat die „Alleinherrschaft", aber es wird damit auch überfordert, wenn bei allem, was es tut, zwei Erwachsene zuschauen.

Aber Verwöhnung ist nur dann schädlich, wenn sie zur eigenen Passivität und zur Untüchtigkeit führt. Das Kind zur Untüchtigkeit ermutigen bedeutet, etwas von ihm zu fordern. Durch Einbeziehung in die Partnerschaft der Eltern und durch Ausweitung der Beziehungen auf andere Menschen kann ein gutes Gegengewicht geschaffen werden.

Die Eltern eines Einzelkindes sind zunächst unerfahren, unsicher oder ängstlich in der Erziehung. Sie haben nicht geahnt, daß sich ihre Partnerschaft durch das Kind so gravierend verändern würde. Da die Mutter unter Umständen zu Hause bleibt, wendet sie sich dem Kind besonders intensiv zu und wird versuchen, seine Wünsche nach Bedürfnisbefriedigung und Unterhaltung umfassend zu erfüllen. Sie beobachtet und kommentiert jede seiner Äußerungen. Dadurch bekommt das Kind vielleicht zu viel Unterstützung und zu wenig Raum für eigene Versuche. Die Konkurrenzlosigkeit kann bewirken, daß es für alles (zu) viel gelobt, (zu viel) bewundert oder (zu sehr) anerkannt wird. Eltern sollten sich dieser Gefahr von übertriebenem Lob, falscher Bewunderung und übergroßer Anerkennung bewußt werden, weil sie nur so ein Fehlverhalten vermeiden können. Ein ausgewogenes Maß an Lob, Bewunderung und Anerkennung dagegen setzt Kräfte frei, die ihrem Kind für sein Leben Mut und Zuversicht mitgeben können.

Mütter von Einzelkindern können häufiger berufstätig sein als Mütter von zwei und mehr Kindern, ihre Kinder sind oft eher selbständig und selbstbewußt. Sind die Eltern selbst nicht zu ängstlich, sind sie eventuell auch offener für andere Familien, da sie noch Kräfte frei haben, sich um Verwandte, Freunde und um viele andere Bereiche zu kümmern. Die Eltern, die sich auf ihr einziges Kind konzentrieren, sollten sensibel dafür sein, ob sie etwa unbewußt Wünsche und eigene Phantasien auf ihr Kind übertragen, ohne es zu wissen oder auch bewußt zu wollen.

Um der Gefahr der zu großen Enge zu entgehen, können Eltern bereits früh aktiv Kontakt zu anderen Familien mit Kindern ermöglichen, damit ihr Kind lernt, sich mit anderen zu vergleichen. Gemeinsame Gestaltung des Wochenendes oder der Ferien, vielleicht auch Gründung von Hausgemeinschaften mit Verwandten oder Freunden könnten dabei für alle Beteiligten ein großer Gewinn sein. Dadurch wären die Eltern selbst zeitweilig entlastet. Würden sie ein zweites Kind mit in die Ferien nehmen, hätten sie im nächsten Urlaub die Chance, auch wieder einmal ganz ohne Kind Urlaub machen zu können. So könnten sie alle ihre sozialen Kontakte erweitern, ohne die zwischen Geschwistern oft üblichen Rivalitäten und Eifersüchte um die Gunst der Eltern, die ja viel Kraft verbrauchen.

Darum verhalten sich Einzelkinder trotz des weit verbreiteten Vorurteils in Kindergruppen oft sozial, da sie nie die Unsicherheit erleben mußten: „Mögen mich meine Eltern noch oder haben sie meine Schwester/meinen Bruder lieber als mich?" Ihr anhaltend positives Grundgefühl, gemocht zu sein, kann ihnen zeitlebens viel Kraft geben.

Je isolierter jedoch ein Kind in den ersten Lebensjahren heranwächst, um so schwerer wird ihm der Kontakt mit den Gleichaltrigen fallen. Darum kann der Eintritt in den Kindergarten auch zur ersten Krise seines Lebens werden. Je maßloser die Verwöhnung vorher war, um so größer wird auch die Krise sein.

In einer Diskussion mit zukünftigen Erzieher/-innen hörte ich dazu folgende Meinungen:

„Ich habe selbst nur eine Tochter. Dazu kommt, daß sie innerhalb unserer ganzen Familie das einzige Kind ist, so daß ich oft das Gefühl habe, ich muß noch mit allen konkurrieren. Wenn ihre Tante mit ihr Fahrrad fahren geht, dann denke ich oft, sie ist echt den ganzen Tag beschäftigt. Ständig macht jemand was mit ihr. Es gibt gar keinen richtigen Alltag, immer bemüht sich jemand um sie, alle sind auf sie konzentriert.“

„Ich habe als Einzelkind alles bekommen, was ich wollte. Früher war Barbie total im Trend, darum mußte auch ich sie haben – und bekam sie auch sofort. Nach ein paar Jahren hat es nachgelassen, weil meine Eltern dahintergekommen sind, daß sie damit nichts erreichen außer Faulheit. Als Kind wurde mir alles hinterhergeräumt. Dann kam die große Umstellung für mich. Es gab keine Sachen mehr, und mir wurde nichts mehr hinterhergeräumt. Die Sachen landeten in meinem Bett, wenn ich sie nicht weggeräumt hatte.“

„Obwohl ich Einzelkind bin, wurde ich überhaupt nicht verwöhnt – dafür hat schon meine Mutter gesorgt. Schließlich war sie damals noch Alleinerziehende, und da muß man ja jede Mark umdrehen. Trotzdem, meine Mutter hat mich so erzogen: Wenn ich mir unbedingt etwas kaufen wollte und sie der Meinung war, daß es ihr zu teuer war oder ich es nicht unbedingt brauchte, mußte ich es mir eben selbst zusammensparen.“

„Als ich klein war und meine Mutter noch bei uns lebte, hat sie mich immer ganz besonders verwöhnt, wenn ich krank war. Da lag ich dann in meinem Bett, und sie kam so oft es ging ins Zimmer und fragte, ob ich noch etwas brauche oder was ich essen wolle. Als ich dann mit meinem Vater allein war, hat er mich mit sehr viel Liebe und Vertrauen verwöhnt. Er war immer da, wenn ich ihn brauchte. Ich konnte jeder-

zeit mit ihm reden, über alles und jedes. Da waren wir zwei ganz allein, und trotz der vielen Anstrengungen und Pleiten, die hinter uns lagen, war er immer für mich und ich für ihn da. Auch heute haben wir ein super Verhältnis, und er verwöhnt mich immer durch sein Dasein und sein Vertrauen."

„Ich denke, mit materiellen Dingen wurde ich als Einzelkind nicht verwöhnt. Zwar hatte ich viele Kuscheltiere und schönes Spielzeug, aber meine Eltern haben immer aufgepaßt, daß ich nichts im Überfluß habe, das hat mir als Kind natürlich gar nicht gefallen. Ich denke, ich wurde vielmehr mit Streicheleinheiten verwöhnt. Also, das darf jetzt nicht mißverstanden werden. Ich wurde keineswegs in Watte gepackt. Nein, es war so, wenn ich neben meinen Eltern oder meiner Oma saß, wollte ich ständig am Arm gekitzelt und gestreichelt werden."

Ein zweiundvierzigjähriger einziger Sohn erinnert sich:
Ich bin als Einzelkind aufgewachsen. Wir drei waren wie eine Festung, wie eine geschlossene Gesellschaft.

Doch ich habe meine Eltern auch als Paar erlebt. Wenn etwas anstand, haben sie gemeinsam darüber beraten. Sie haben sich auch umarmt und geküßt, und sie sind auch alleine ausgegangen. Als ich kleiner war, war meine Großmutter da. Ich habe es sehr gerne gehabt, daß ich zu ihr über die Straße gehen konnte, und dann durfte ich bei ihr auf dem alten Sofa schlafen. Das fand ich immer sehr schön.

Man hat mir viel aus der Hand genommen und mich mit vielen Gütern ausgestattet, aber Taschengeld habe ich nie richtig bekommen, weil meine Eltern damals die Auffassung hatten: „Wenn du etwas brauchst, kannst du ja fragen. Zu essen kannnst du dir aus dem Laden nehmen." Ich habe im Laden auch immer mitgeholfen. Ich habe nicht nur genommen, sondern nach der Schule auch Kisten geschleppt, Kartons aufgerissen und ausgepackt.

Eine frühe Erinnerung ist, daß ich meiner Mutter gerne beim Abtrocknen geholfen habe. Bei einem Dreijährigen fliegt aber schon mal eine Untertasse auf den Boden – und dann brauchte ich nichts mehr zu machen – sie hätte ja auch Plastikgeschirr kaufen können oder mir etwas Unzerbrechliches zum Abtrocknen geben können.

Meine Schularbeiten habe ich alleine gemacht. Aber einmal hat meine Mutter ein Bild für mich gemalt. Da bin ich abends um zehn aufgewacht, und es fiel mir ein, daß ich für die Schule noch das Bild haben mußte. Das habe ich meinen Eltern gesagt, und meine Mutter hat es für mich gemalt, anstatt zu sagen: „Dann entschuldigst du dich und gibst es eben einen Tag später ab." Das wäre sicher nicht dramatisch gewesen, weil ich sonst meine Sachen immer in Ordnung hatte.

Meine Mutter hat immer im Laden mitgeholfen, aber sie war nicht den ganzen Tag dort, und sonst war meine Oma da. Aber auch mein Vater. Er hat mir viel Zuwendung gegeben. Er hat ein sehr humoriges und freundliches Wesen. Die Stimmung insgesamt war zu Hause nicht schlecht. Vielleicht herrschte manchmal zu viel Harmonie. So wie in dem Beispiel mit dem Bild: Einmal auszuhalten, daß eine Sache nicht so läuft – das ging bei uns nicht. Es gibt ja nicht nur Harmonie, es gibt auch Zeiten, wo der eine mal sauer, traurig oder enttäuscht ist. So etwas gab es bei uns eben nicht.

Meine Mutter war aber oft depressiv verstimmt. Mein Vater hat sie viel aufgefangen und in Schutz genommen. Nach außen hin war er immer der Starke und Große, der vieles geschluckt hat – auch mich hat er geschont.

Ich ging dann in den Kindergarten und kann mich an eine Situation noch gut erinnern. Die Kinder sollten zum Abschluß der Kindergartenzeit, ich war gerade sechs, etwas aufführen. Ich sollte den Regenmann spielen. Das war eine ganz imposante Rolle. Das habe ich dann eingeübt. An dem Tag hatte ich dann aber Lampenfieber und unheimliche Angst. Da hat meine Mutter gesagt: „Du brauchst nicht zu spielen." Und dann bin ich nicht hingegangen. Für die Verstärkung: „Du schaffst das schon!" war sie selbst zu ängstlich. Sie wollte mir immer etwas Gutes tun und mich mit meiner Angst nicht konfrontieren.

In diesem Bericht wird deutlich, daß die Mutter ihren Sohn in der falschen Richtung unterstützt. Sie selbst hat Angst vor der ungewohnten Situation, und sie bringt ihn um die Erfahrung, Angst auch überwinden zu können. Selbstbewußtsein kann nur entstehen, wenn man ein Verhalten einübt und dann auch Erfolgserlebnisse hat. Auch als der Sohn die Schularbeit vergißt, mischt sich die Mutter zu früh ein: Ein Kind in diesem Alter kann schon Verantwortung dafür übernehmen und die Konsequenzen (sich entschuldigen) selbst tragen.

Der Sohn berichtet weiter:

Doch es gibt auch andere Erinnerungen: Ich war etwa fünf, als ich mit meinem Roller quer durch die ganze Stadt gefahren bin zu einer Schlachterei. Mein Vater hatte keine Mettwurst mehr im Laden und mich gefragt, ob ich da mal eben hinrollern könnte. Da war ich unheimlich stolz, daß er mir das zugetraut hat. Ich bin dann mit der Mettwurst am Lenker zurückgerollert.

Oder noch ein Beispiel: Ich habe Schlittschuhlaufen gelernt. Am ersten Tag habe ich mir dabei eine fürchterliche Beule geholt. Meine Großmutter hat gezetert: „Ach, der arme Junge, das ist ja so gefährlich. Er soll nicht mehr Schlittschuh laufen." Mein Vater ist daraufhin ziemlich heftig geworden und hat beide Frauen richtig zusammengebrüllt: „Verdammt noch mal, das gehört doch dazu, nur so kann er's lernen!" Und dann bin ich sehr viel draußen gewesen, auch mal ins Eis eingebrochen, aber nicht schlimm. Ich habe mich dabei immer sehr wohl gefühlt.

Kinder sind auf ihre Leistung stolz. Das sollten wir Erwachsene sehr genau wahrnehmen und unterstützen. Es kommt dabei nicht darauf an, ob ein fünfjähriger Junge wirklich durch die ganze Stadt gefahren ist oder nur zwei Straßenecken weiter: Wichtig ist das Gefühl, das er damit verbindet: Ich konnte etwas alleine tun, und mein Vater hat mir das zugetraut. Das setzt Kräfte frei, die ein maßlos verwöhntes Kind nicht entdecken kann.

Der Sohn erinnert sich weiter:

Es gab auch einige Kinder, zu denen ich hingegangen bin. Einen Freund hatte ich viele Jahre. Wir haben auf der Straße Feder- und Völkerball gespielt. Die Jungen waren drei oder vier Jahre älter, da hatte ich natürlich keine Chance, wenn sie mir ans Leder wollten. Ich habe mich aber nie viel geprügelt. Eine jüngere Nachbarstochter hat mich aber mal vermöbelt. Mir hatte man eingetrichtert: „Man schlägt keine Mädchen." So habe ich eben nicht zurückgehauen.

Manchmal habe ich mich als Kind doch als fünftes Rad am Wagen gefühlt. Meine Mutter wollte mich nicht gerne gehen lassen, sie hätte mich lieber festgehalten. Ich hatte aber den Impuls, zu den anderen Kindern zu gehen. Dann kamen von ihr so Bemerkungen wie: „Die wollen dich ja doch nicht." Ihre Ängstlichkeit hat sich auf mich übertragen.

Ich habe mir immer Geschwister gewünscht, sogar Zucker auf die Fensterbank gelegt (um den Storch anzulocken). Vielleicht hätten wir uns solidarisieren können, auch gegen die Eltern, und ich hätte mich als Kind nicht so alleine gefühlt.

Aus heutiger Sicht sehe ich es so, daß ich etwas haben wollte, vor allem Anerkennung. Kritik konnte ich aber nicht annehmen. Die gab es zu Hause ja auch nicht. Ich habe nicht gelernt, mich auseinanderzusetzen. Ich wollte immer bei den anderen „ankommen" und von anderen Bestätigung haben. Erst mühsam mußte ich lernen, unabhängiger von den Vorstellungen anderer zu werden. Trotz vieler Schwierigkeiten hat mir vor allem mein Vater eine gute Portion Optimismus vermittelt. Er hat ja auch eine charmante, humorvolle Art. Da habe ich Glück gehabt – obwohl er fachlich von Erziehung keine Ahnung hatte.

Ich finde es nicht gut, wenn man als Erwachsener nur sieht: „Das konnten meine Eltern nicht, da haben sie sich nicht auseinandergesetzt, da waren sie nicht lieb miteinander, da haben sie mich falsch erzogen, und und und." Das ist nicht fair. Sie haben es mit ihren damaligen Möglichkeiten so gut gemacht, wie sie es konnten.

Dieser einzige Sohn hat viel Zuwendung bekommen – aber, wie es scheint, nicht zu viel. Er war nicht der einzige Mittelpunkt im Leben der Eltern, die sich auch als Paar wahrgenommen haben. Er wurde verwöhnt, aber er mußte auch „mitmachen". Eltern machen nie alles „richtig" – doch das Wichtigste ist: dem Kind zu vermitteln, daß es wichtig für sie ist.

Nicht das Einzelkinddasein allein bestimmt also das Problem der Verwöhnung, sondern es ist notwendig, sich mit diesem Thema immer wieder und bewußt auseinanderzusetzen[28].

Das älteste Kind

Das ältere oder älteste Kind wird von seinen Eltern oft sehnsüchtig und freudig erwartet. Wie sehr es ihr bisheriges Leben als Paar verändern wird, ahnen sie dabei oft nicht. Sie geben sich unendlich viel Mühe, aber durch die Unsicherheit im Umgang mit diesem ersten Kind probieren sie häufig viel herum. Darum kann es geschehen, daß sie (ungewollt), weil sie alles richtig machen wollen, ihr Kind zu sehr verwöhnen.

Zunächst macht das älteste Kind die gleichen Erfahrungen durch wie das einzige. Es steht im Mittelpunkt, wird viel (oft zu viel) beachtet und bewundert. Durch die Geburt des zweiten Kindes wird es aus dieser Position verdrängt, es wird entthront. Darauf reagieren die Kinder verschieden, das eine beginnt um seine Vormachtstellung mit Mitteln wie Rückfall in die Kleinkinderphase oder Trotz zu kämpfen, das andere sieht es als Chance an, wenn es seine Rolle als Erstgeborenes annimmt und bereit ist, sich in der Familie als das große Kind einzubringen. Haben Eltern es geschafft, ihr erstes Kind bereits vor den Geburten weiterer Kinder für die Gemeinschaft zu gewinnen, d. h. daß es sich geliebt und geachtet, aber auch altersentsprechend gefordert fühlt, so wird es durch die Neuankömmlinge nicht um seine Stellung bangen müssen. Es wird, wenn es umfassend auf die Geburt der Geschwister vorbereitet wurde, sich durch die Liebe seiner Eltern weiterhin sicher und geborgen fühlen können.

Im folgenden berichte ich von Karl, zu Beginn der Erzählung fünf Jahre alt:

Karl war seiner Erzieherin im Kindergarten aufgefallen durch Aggressionen, Hyperaktivität, Unkonzentriertheit, ständiges Nein-Sagen und ein extremes Mittelpunktstreben. Die Erzieherin hatte darum seinen Eltern vorgeschlagen, für Karl eine Therapie zu suchen.

In der Familie war er drei Jahre lang als Einzelkind maßlos verwöhnt worden. Das führte dazu, daß er, besonders von der Mutter, die totale Zuwendung und anhaltende Aufmerksamkeit forderte. Bekam er diese nicht sofort, verweigerte er aggressiv jede Form der Mitarbeit. Als er mit drei (und später mit sechs Jahren) eine Schwester bekam, reagierte er auf diese extrem eifersüchtig und setzte impulsiv seinen Willen durch.

Als ich die Mutter kennenlernte, wirkte sie auf mich sowohl ängstlich und besorgt als auch fordernd und nörglerisch. Ihr Erziehungsverhalten beschrieb sie selbst als eine Mischung aus Aufforderung zur Bravheit, Verwöhnung, viel Kritik und autoritären Maßnahmen. Sie ahnte bereits, da sie viele Erziehungsbücher gelesen hatte, daß ihre Haltung auch etwas mit ihren speziellen Erfahrungen in ihrer Ursprungsfamilie zu tun hatte. Von ihrer aktuellen Situation fühlte sie sich insgesamt überfordert. Sie war unzufrieden, da sie ihren Traum von einer harmonischen Familie nicht erfüllt sah.

Der Vater reagierte auf das unsichere und inkonsequente Verhalten der Mutter durch autoritäre (oft nonverbale) Maßnahmen bis hin zu Schlägen. Er erzählte von sich, daß er aus einer zwanghaften und gewalttätigen Familie stammte, in der Konflikte nie offen ausgetragen werden durften, sondern totgeschwiegen wurden. Auch er fühlte sich von der Gesamtsituation überfordert, zumal er sehr viel arbeiten mußte.

Die Ehe schilderten beide so, daß sie geprägt sei von einem ständigen Wechsel von Nähe und Distanz und der häufigen

Drohung, sich zu trennen. Die vorherrschende Stimmung seien Unzufriedenheit und viele Streitereien. Karl, als ihr ältestes Kind, war für die Mutter immer dann der Verbündete, wenn sie ihrem Mann gegenüber eine Distanzphase hatte. Näherte sie sich ihm wieder an, grenzte sie Karl aus und beschimpfte ihn, worauf er mit starkem Trotz reagierte.

Als Karl zum ersten Mal in meine Praxis kam, konnte er sich gut von seinem Vater verabschieden. Zunächst rannte er lange ziellos und aufgeregt redend umher, um sich dann an meine elektrische Schreibmaschine zu setzen. Als ich ihm die Benutzung erklären wollte, verlor er daran sofort das Interesse. Er räumte danach viele Spielsachen heraus und kam nicht zur Ruhe. Dabei kommandierte er, was ich tun sollte. Er reagierte erstaunt und hielt das erste Mal inne, als ich mich freundlich, aber bestimmt gegen seine autoritären Maßnahmen wehrte.

Bei diesem ersten Termin (wie noch bei vielen weiteren) war kein Spiel, kein Malen und kein Reden möglich.

Beim Abschied konnte er sich nicht von mir trennen und beschimpfte aggressiv seinen ihn abholenden Vater. Auch dieses wiederholte sich während einer langen Zeit.

In den nächsten Sitzungen schlug ich ihm vor, daß wir uns auf einige Regeln einigen sollten. Da er solche Absprachen gar nicht zu kennen schien, durchbrach er sie, nach anfänglichem Zustimmen, auch immer wieder. Da er von sich aus nicht zu einem ruhigen Spiel kam, schlug ich ihm etwas vor. Er hatte große Mühe, darauf einzugehen und schimpfte: ‚Immer bestimmst du.'

Hatte er dann aber ein Spiel positiv aufgenommen, spielte er es manchmal wochenlang. Dabei wurde er zusehends ruhiger und konnte zuhören, aber er bestand energisch auf dem gleichen Spielablauf.

Ich habe die Sitzungen mit Karl protokolliert:

Ich sollte mich, nach seinen Angaben, schlafend stellen. Ich erzählte dabei laut meine Träume, und er hörte (das erste

Mal) in Ruhe zu. Dadurch entstand zwischen uns eine gute, freundliche und entspannte Stimmung.

Am Schluß einigten wir uns noch darauf, daß wir beim nächsten Mal mit der Maschine schreiben wollten. Ich wies ihn aber bereits an dieser Stelle darauf hin, daß ich ihm dann deren Benutzung noch einmal erklären würde. Er willigte ein.

Eine Woche später kam er die Treppe hochgestürmt und rief schon im Treppenhaus: ‚Weißt du noch, was wir machen wollen?' Er hatte es nicht vergessen. Ich sagte: ‚Du kannst gerne an die Maschine, wenn du vorher zuhörst, wie du damit umgehen mußt.' Erstmals ließ er mich etwas in Ruhe erklären und konnte sich dabei (fast immer) an die Verabredung halten. Er blieb ausdauernd dabei und lernte sogar einige Buchstaben (er war damals noch im Kindergarten). Er war stolz, mit sich zufrieden und gar nicht kämpferisch. Ich machte ihn zum Schluß darauf aufmerksam, wie gut wir uns einigen konnten und wie sehr mir das gefallen habe. Er konnte das erste Mal friedlich gehen.

In den weiteren Sitzungen kam etwas Neues hinzu. Ich ‚durfte' ihn fragen, wie es zu Hause ging, und er gab mir Antwort, was bisher nicht möglich gewesen war. Beispielsweise sagte er: ‚Wir streiten nicht mehr so viel, und das ist auch viel schöner.' Diese vorsichtigen Anfänge eines Gespräches konnten beim nächsten Mal auch schon wieder zu Ende sein, denn er kam oft angespannt und kämpferisch bei mir an. Im Laufe der Sitzungen wurde er zusehends ruhiger.

Schwierige Situationen zwischen uns entstanden dann, wenn **ich** einen Vorschlag, eine Regel oder ein Spiel einbringen wollte. Dann schimpfte er, drohte sofort damit, wegzugehen und nie wiederzukommen.

Erst nach langer Zeit konnte er solche Ausbrüche sein lassen. Inzwischen fanden, zusätzlich zu Karls Einzeltherapie, bei einer Kollegin viele weitere Beratungsgespräche mit den Eltern statt. Dabei wurde ihnen und uns ihre häusliche Situation deutlich. Die Eltern erzählten, wie schwer es ihnen nach wie vor falle, mit ihm konsequent zu sein. Sie schwankten täglich zwischen maßloser Verwöhnung und rigiden Forderungen. Sie beklagten sich, daß ihnen die Geduld fehle, da Karl jede ihrer Aufforderungen zum Mitmachen mit einem ausdauernden Nein beantworten würde.

Die Eltern waren häufig gemeinsam gegen Karl eingestellt und konnten zeitweilig gar nichts Positives an ihm wahrnehmen.

Da Karl in seinem bisherigen Leben das Miteinandersprechen vor allem als Schimpfen, Kritisieren und Herumkommandieren erlebt hatte, waren therapeutische Gespräche lange Zeit noch nicht möglich. Darum suchte ich andere Wege, um an ihn heranzukommen, durch Spielen, gemeinsam Essen, Vorlesen, Malen oder Kneten.

Aber ich versuchte von Anfang an, mit ihm auch alltägliche Ereignisse (Streitigkeiten mit den Eltern und im Kindergarten, später in der Schule, Eifersucht auf die jüngere Schwester oder Planung des Alltags sowie mögliche positive Schritte) miteinzubeziehen. Ganz allmählich begann er, diese Unterhaltungen zu mögen und brachte sie zunehmend von sich aus in Gang.

Da Essen zu Hause der einzige Bereich war, bei dem er nicht trotzen mußte (da er sehr gerne aß), schlug ich ihm vor, gemeinsam zu kochen oder zu backen. Ich wollte damit zwei Dinge erreichen: zum einen mehr Ruhe gewinnen zum Miteinander-Reden und zum anderen ihm durch das gemeinsame aktive Tun deutlich machen, daß Kooperation auch für ihn ein Wert werden könne.

In einer der nächsten Sitzungen wollten wir Kuchen backen, für uns beide und für seine Familie zu Hause. Das hatten wir beim letzten Mal gemeinsam entschieden. Dabei entstand zwischen uns eine lockere und kooperative Stimmung. Er ließ sich alle Schritte von mir erklären und machte mit. Während des Essens erzählte er ausführlich von dem baldigen Schuleintritt und artikulierte erstmals Ängste davor.

Beim gemeinsamen Spiel im Anschluß kam es zu Differenzen, weil er ausschließlich allein bestimmen wollte. Es eskalierte so, daß ich das weitere Spiel ablehnte. Ich erklärte ihm, was in mir vorgehe, wenn er mich herumkommandierte und daß ich die Lust verlieren würde. Darauf packte er wütend seine Autos ein. Er hoffte wohl, damit den Konflikt zu lösen. Das war aber nicht der Fall, da er seine Haltung mir gegenüber beibehielt. Weil ich ruhig, aber fest blieb, war er am Schluß bereit, auch mir Ideen in unserem gemeinsamen Spiel zuzugestehen.

In der nächsten Woche kam er strahlend an und sagte zur Begrüßung: ‚Heute nölst du aber nicht rum.' Ich fragte: Wie meinst du das? Du hast so genölt letztes Mal, warum, weiß ich auch nicht. Ich erklärte ihm noch einmal unseren letzten Konflikt. Dann sagte ich: ‚Damit es nicht wieder passiert, schlage ich vor, daß wir beide uns in Zukunft mit den Vorschlägen abwechseln.' Er war einverstanden. Wir machten eine Zeit aus, wann wir wechseln würden. Nach der verabredeten Zeit kam heftiger Widerstand von seiner Seite. Ich begann ruhig, ‚mein' Spiel auszupacken. Ein Spiel, bei dem es keine Gewinner gibt, sondern die Spieler miteinander kooperieren müssen. Er beobachtete mich dabei genau, und plötzlich räumte er seine Sachen ein. Er ließ sich ruhig die Regeln erklären, an die er sich (das erste Mal) während des ganzen Spiels halten konnte. Als er verstand, daß es nicht darum ging, wer von uns beiden der Bessere war, wurde er ganz begeistert.

Dieses Spiel spielten wir mehrere Wochen lang, und er begann dabei allmählich für sich zu entdecken, wie schön es war, wenn wir beide in einer guten und humorvollen Stimmung waren.

Nach Aussagen der Eltern war er in dieser Zeit zu Hause aber nach wie vor unkooperativ, streitsüchtig und abwehrend. Da die Eltern ihren Kampf miteinander noch nicht aufgeben konnten, war er ein Spiegelbild der häuslichen Stimmung. Darum stimmte zu diesem Zeitpunkt auch seine Bemerkung: ‚Alle sagen, ich sei schuld, aber das stimmt so gar nicht.'

Da er zu Beginn jeder Sitzung angespannt und kämpferisch ankam, war ich dazu übergegangen, zunächst mit ihm Tee zu trinken und ihm dabei etwas vorzulesen. Ich hatte die Erfahrung gemacht, daß diese beiden Dinge ihn in Ruhe bei mir ankommen ließen. Sehr häufig kamen wir über diese Geschichten in ein intensives Gespräch über sein Leben zu Hause, über Fragen nach dem Sinn des Lebens, über Religion oder Schule. Er genoß diese ruhige Form der Zuwendung, und er konnte dabei wach und interessiert zuhören, begann auch nachzufragen.

Beim Spiel mit Handpuppen oder Spieltelefonen war ich immer wieder erstaunt, wie zärtlich, hilfsbereit, freundlich und humorvoll er sein konnte. Dieses, sein zweites Ich, war im Alltag eher verdeckt durch: Forderungen stellen, im Mittelpunkt stehen wollen und Kampf. Dadurch kam ich auf die Idee, ob er nicht ein Instrument lernen könnte, um seine weiche Seite zu verstärken. Zum großen Erstaunen aller Erwachsenen, die ihn kannten, lernte er sehr schnell Geige spielen, und es hat mich tief berührt, wie zart er mit dem Geigenbogen umging.

Nachdem er in die Schule gekommen war, verliefen die Sitzungen zunächst in einem ständigen Auf und Ab. Er fühlte sich dort stark gefordert und hatte große Probleme im Sozialverhalten. Es fiel ihm ungeheuer schwer, sich nur als einer von vielen zu erleben. War er es doch gewöhnt, bei einer Erwachsenen, seiner Mutter, absolut im Mittelpunkt zu stehen. Aber das Lesenlernen faszinierte ihn, und er setzte alles daran, dieses möglichst schnell perfekt zu beherrschen. Er hatte sich entschieden, ‚groß werden zu wollen', und in dem Maße wurde er auch leichter ansprechbar.

Als er in dieser Zeit zu einer Sitzung kam, legte er Handschellen, Pistole, Messer und Sprechfunkgerät auf den Tisch und forderte: ‚Damit spielen wir heute.' Ich lehnte es ab, mit ihm mitzuspielen und erklärte ihm meinen Standpunkt. Er daraufhin: ‚Das habe ich mir schon gedacht.' Wir diskutierten lange darüber, wobei ich betonte, daß ich zwar nicht mitspielen würde, er aber durchaus damit spielen könne. Er war wütend auf mich, konnte meine Argumente nicht akzeptieren und versuchte es mit Betteln: Ich blieb bei meiner Meinung. Er beschimpfte mich: ‚Du bist stur.' Dann gab er plötzlich überraschend nach. ‚Was willst du machen?' Da ich das Gefühl hatte, daß er durch die lange Diskussion stark gefordert war, schlug ich ihm vor, aus ‚Pu, der Bär' vorzulesen, unserem derzeitigen Lieblingsbuch. Dabei konnten wir beide wieder entspannen.

Ich sagte ihm zum Abschied, daß ich unser Gespräch sehr gut fand, vor allem, daß er es nicht wütend vorzeitig beendete. Sein Kommentar: ‚Na gut, Vorlesen ist ja auch schön. Zu Hause hätte ich weiter rumgeschrieen.'

Da in der nächsten Zeit unsere Zusammenarbeit stagnierte, schlug ich ihm vor, mit ihm zusammen für seine Eltern ein Buch herzustellen. Er war von der Idee angetan. Über eine lange Zeit arbeiteten wir gemeinsam daran. Wir schrieben oder malten seine Träume, selbstdachte Geschichten, Gedichte und seine ersten Kindheitserinnerungen. Wir klebten Fotos von uns beiden hinein, die wir vorher gemeinsam gemacht hatten. Er malte Bilder von seiner Familie, bei der er sich ‚zufällig' vergaß. Ich schrieb ihm ein Märchen über einen kleinen Jungen, der dabei war, viel zu lernen und der früher ganz unfreundlich war und jetzt anderen eine Freude machte und gerne lachte.

Die häusliche Atmosphäre war in dieser ganzen Zeit weiterhin bestimmt von Unruhe und Streit zwischen den Eltern. Wegen zusätzlicher Arbeitstermine des Vaters fühlte sich die Mutter vernachlässigt und in ihrer Hausfrauen- und Mutterrolle nicht genügend geachtet. Sie beklagte sich anhaltend über ihren Mann und Karl, da beide zu Hause nicht mitmachten und alles an ihr hängenbliebe. Da sie zunehmend verstand, daß Karls Verweigerungen mit den ersten drei Jahren seiner extremen Verwöhnung zu tun hatten, bemühte sie sich sehr, diesen Erziehungsstil bei den (inzwischen zwei) Töchtern zu verändern. Dort konnte sie bereits fordernder, konsequenter und ruhiger sein. Wir bestärkten sie darin, sich hin und wieder einen freien Abend zu gönnen, um dadurch etwas Distanz zur Familie zu gewinnen, denn sie kam durch die zahlreichen Anforderungen in der Familie zu kurz.

Dasselbe galt auch für den Vater. Auch ihn ermutigten wir, trotz aller Belastungen wieder mehr für sich zu tun. Er fand den Mut, seine unterbrochene berufliche Ausbildung fortzusetzen, in der Hoffnung, dadurch in sein Leben wieder mehr Zufriedenheit zu bringen mit positiven Auswirkungen für die ganze Familie.

Das Hauptproblem zwischen dem Ehepaar blieb die mangelhafte Kommunikation und Kooperation, die übergroßen Erwartungshaltungen aneinander und die noch unzureichende Auseinandersetzungsfähigkeit.

Da die Therapie für Karl nach drei Jahren von der Kasse nicht weiter finanziert wurde und die Eltern sie nicht privat bezahlen konnten, kam es zu einem vorzeitigen Ende. Karl hatte sich in diesen Jahren insgesamt positiv verändert. Er war freundlicher, humorvoller und außerhalb der Familie kooperativer und eher auseinandersetzungsbereit geworden. Aber innerhalb der Familie waren diese neu erworbenen Fähigkeiten für ihn oft noch nicht zu realisieren, da es dort noch zu affektiv und zu chaotisch zuging. Durch das Geigenspielen hatte er selbst entdeckt, daß er auch einfühlsam und behutsam sein konnte. Er war ein guter Schüler, der begonnen hatte, sich für viele Dinge zu interessieren. Und er hatte eins gelernt: Wenn man anderen eine Freude macht, gibt man ihnen etwas, bekommt aber auch immer etwas zurück. Das war in den Jahren unseres Zusammenseins ein Wert für ihn geworden.

Das jüngste Kind

Das jüngste Kind hat in allen Zeiten und in allen Kulturen eine Sonderstellung. In der Bibel, in Märchen und Sagen sind die Jüngsten oft die Helden. Sie besiegen den Drachen, heiraten die Königstochter, bringen dem Vater „Das Wasser des Lebens" oder lösen die Rätsel, die die älteren Geschwister nicht zu lösen wußten.

Das jüngste Kind hat verstärkt mit Minderwertigkeitsgefühlen zu kämpfen. Da sowohl die Eltern als auch die Geschwister viele Dinge besser wissen und können, wird es ausdauernd mit seiner Kleinheit, Unvollkommenheit und Schwäche konfrontiert. Häufig fühlt es sich nicht ernstgenommen und kompensiert seine Kleinheitsgefühle durch Träume und Phantasien, in denen es alle überflügelt und der Erfolgreichste sein wird. Denn je kleiner und schwächer ein Kind sich fühlt, desto stärker ist sein Hang, an erster Stelle zu sein[29]. Als das Kleinste in der Familie bekommt es aber auch viel (oft zu viel).

Die Eltern sind bereits erfahrener und sicherer im Umgang mit ihren Kindern. Sie sind älter und von daher auch gelassener. Aber das jüngste Kind ist auch der Gefahr der maßlosen Verwöhnung ausgesetzt. Ihm als „Nesthäkchen" wird leicht zu viel abgenommen. Darauf reagiert es entweder mit der Haltung des „Schnelläufers" oder des „Entmutigten" (Adler).

Dem „Schnelläufer" gelingt es, meist aufgrund besonderer Ermutigung, alle anderen mit seiner Initiative, deren Haupttreibkraft auch in der Minderwertigkeitsposition zu suchen ist, zu überflügeln und sucht dabei oft neue Wege, die noch keines der Geschwister vor ihm beschritten hat.

Der „Entmutigte" wird in dem familiären Verwöhnungszustand steckenbleiben und bestrebt sein, die ganze Liebe und Aufmerksamkeit seiner Umgebung auf sich zu ziehen und in den Mittelpunkt der allgemeinen Beachtung zu rücken. Es wird sich bei ihm leicht aus seiner Situation der Kleinheit und Schwäche eine Erwartunghaltung herausbilden, mit der er alles von den anderen bekommen will, weil er sich eigenständig nichts zutraut.

Vielleicht hat das Jüngste das Glück, auch von seinen Geschwistern Zuwendung, Geborgenheit, Anregungen, Zeit und Zuspruch zu bekommen. Dann würde es vielschichtige

Situationen erleben, die es ihm möglich machen, sich zu orientieren und seinen Weg zu suche. Ob sie es ständig kritisieren, an ihm herumerziehen, es auslachen oder ob sie es ermutigen, ihm etwas vormachen oder es anregen, ist für seine Entwicklung von großer Bedeutung[30].

Binden die Eltern das Jüngste besonders stark an sich, weil sie sich besonders freuen, noch einmal so ein kleines Kind um sich zu haben, so kann die aufkommende Eifersucht der Älteren auch zur krassen Ablehnung des Jüngeren führen.

Das hört sich dann z. B. so an:

„Mein kleinster Bruder wird immer noch von meinen Eltern vorgezogen. Durch die Verwöhnung hat er auch meine Eltern als Schutz, man kann ihm gar nichts sagen, und man ist auch eifersüchtig auf ihn."

„Mein kleiner Bruder bekommt alles. Früher saß meine Oma an seinem Bett und hat solange seine Hand gehalten, bis er eingeschlafen ist. Er bekommt noch heute alles."

Als jüngstes Kind in einer Familie aufzuwachsen, kann Vorteile, aber auch Nachteile mit sich bringen.

Vorteile können z. B. sein:
Das Kind bekommt sehr viel, von verschiedenen Personen aus verschiedenen Generationen. Es fühlt sich von mehreren Menschen geliebt und umsorgt und entfaltet dadurch Kräfte, die ihm den Mut geben, sich zu entwickeln.

Nachteile können z. B. sein:
Da es zu viel von allem bekommt, lernt es nicht, sich im Leben selbst zu behaupten, da immer jemand da ist, der anstehende Aufgaben für es löst. Außerhalb der Familie erwartet es selbstverständlich eine Fortsetzung der häuslichen Verwöhnungssituation. Da es selten oder nie allein ist, gewöhnt es sich daran, immer Menschen um sich zu haben.

Daraus wird deutlich, daß die Charakterentwicklung beim Jüngsten sehr verschieden verlaufen kann. Entweder man findet den mutlosen Menschen, der es aufgegeben hat, es den andern nachzumachen, oder aber den Kämpfer, der meint, er müsse sich eine bessere Stellung verschaffen und alles daran setzt, aufzufallen.

Bernd wurde im Alter von sechs Jahren zu mir in die Therapie gebracht, weil er nach wie vor am Tag einnäßte. Dieses Symptom war inzwischen sowohl für ihn selbst als auch für seine Eltern zu einem großen Problem geworden. Er wollte weder in den Kindergarten noch andere Kinder besuchen gehen, denn „es" konnte ja immer passieren. Die Eltern hatten das Gefühl, daß Bernd lieber klein bleiben wollte. Er kam in wöchentlichen Abständen zu mir, seine Eltern kamen alle drei Wochen zu Erziehungsberatungsgesprächen. Und nur auf diese möchte ich hier näher eingehen, da es mir darum geht, die Haltung der Eltern zu diesem Thema verständlich zu machen und Möglichkeiten der Veränderung aufzuzeigen.

In den Gesprächen wurde deutlich, daß sich Bernd durch das Einnässen (es war durch Untersuchungen vorher ausgeschlossen worden, daß körperliche Ursachen vorlagen) eine Form von Zuwendung holte, die er meinte sonst nicht zu bekommen. Er fühlte sich als kleiner Bruder nach zwei Schwestern (fünf und drei Jahre älter) nicht genug geliebt und stellte ständig an alle Familienmitglieder den Anspruch: ‚Alle müssen mir helfen.' Beide Eltern hatten wenig Zeit für ihn, die Mutter hatte seit zwei Jahren wieder zu arbeiten begonnen, der Vater war neuerdings beruflich stark engagiert.

Die Mutter war in den ersten Jahren ihrem Jüngsten gegenüber maßlos verwöhnend gewesen. Sie hatte ihm das Essen auf den Teller getan, das Gemüse zerquetscht, ihm das Brot geschmiert, er brauchte nur noch den Mund aufzumachen und zu schlucken. Sie hatte sich lange bemüht, seine Gesten, Mimik und sein Schreien sofort zu deuten und seine Wünsche umgehend zu erfüllen. Darum hatte er auch spät sprechen gelernt. „Ich wußte immer genau, was er wollte", sagte seine

Mutter. Erst im Kindergarten, wo die wortlose Kommunikation nicht mehr verstanden wurde, lernte er zu sprechen.

Er war ein liebes, fröhliches und „pflegeleichtes" Kind, solange er diese Bedingungen hatte. Probleme tauchten auf, als er in den Kindergarten kam und als die Mutter wieder arbeiten ging. Sein Protest dagegen wurde das Einnässen. Obwohl er sich vorher bereits allein an- und ausziehen konnte, half ihm die ganze Familie, wenn er eingenäßt hatte. Häufig, zwar schimpfend, taten sie es, was er, nach ihren einstimmigen Angaben, sichtlich genoß.

In den Gesprächen mit den Eltern bezeichnete sich die Mutter als manchmal fordernd, aber auch stark verwöhnend; besonders Bernd habe sie in den ersten vier Jahren zu viel gegeben. Der Vater bezeichnete sich selbst nicht als Vater, sondern als Freund seiner Kinder. Er harmonisierte die häuslichen Probleme und beschuldigte seine Frau, sie zu dramatisieren. Die Kinder hatten viel Streit miteinander, in die sich beide immer wieder einmischten. Diese Einmischung führte zu deutlicher Eifersucht bei allen Kindern.

Wir versuchten gemeinsam herauszufinden, was die Eltern Schönes mit Bernd machen könnten. Die Mutter, die selbst gerne wieder schwimmen gehen wollte, entschied sich dafür, mit ihm einmal in der Woche schwimmen zu gehen – ohne die Schwestern. Mit ihnen wollte sie ebenfalls etwas Besonderes machen. Der Vater, der selbst gerne las, entschied sich dafür, ihm abends etwas vorzulesen. Ebenfalls nur ihm allein, da er in der letzten Zeit keine für ihn altersentsprechenden Geschichten vorgelesen bekommen hatte.

Zum anderen schlug ich vor, ihn aktiver an der Verantwortung für sein Symptom zu beteiligen. Denn in dem Maße, wie sie dies selbstverständlich von ihm verlangten, könnten sie auch mit dem ‚dauernden Meckern', wie Bernd es nannte, wieder aufhören. Ob er einnäßte oder nicht, sei seine Sache und müßte ihnen wieder gleichgültiger werden. Nur so könnten sie ihn wieder mehr als den liebenswerten, wunderschön malenden und freundlichen Jungen ansehen, der er ja auch war.

In den Gesprächen mit den Eltern war die spezielle Ehedynamik, die natürlich bei Bernds Problem auch eine Rolle spielte, kein Thema, die Eltern lehnten dieses ab. Diese hätten in einer Paartherapie gesondert bearbeitet werden müssen.

In Bernds Therapie war es möglich, an ihn und seine Gefühle über das Malen heranzukommen. Lange drückten seine wunderschön gemalten Bilder seine Sehnsucht nach einer heilen Welt und nach Harmonie aus. Aber er begann auch, sich offen mit seinem Problem auseinanderzusetzen, es war somit kein Geheimnis mehr, und er beschloß, „groß werden zu wollen".

Wir beendeten nach eineinhalb Jahren die Therapiesitzungen mit einem Gespräch aller Familienmitglieder. Dabei tauschten wir unsere Erinnerungen an diese Zeit aus und konnten uns vor allem über die Fortschritte freuen. Es war eine wohlwollende Stimmung miteinander, besonders die Mutter wirkte locker und zufrieden. „Ich habe wieder das Gefühl, alles hinzukriegen, Familie und Beruf, und ich bin froh, daß es Bernd auch wieder besser geht." Der Vater betonte, daß er jetzt eher bereit sei, seine Rolle als Vater zu übernehmen.

Die Kinder waren sich einig, daß sie sich „nicht mehr so viel fetzen würden" und sie meinten: „Das liegt nur daran, daß wir nicht mehr alle so oft aufeinanderhocken, sondern auch mal etwas getrennt machen."

Bernd erzählte, daß er nur noch gelegentlich einnäßte und daß er dann selbst seine Hosen wechselte. Er war sich sicher, daß er bald ganz damit aufhören würde. Er sagte zum Schluß: „Ich schaffe es, wenn ich erst mal in der Schule bin, hört das auf."

Und so war es tatsächlich. Er konnte damit aufhören, da es für ihn ein Ziel geworden war, groß werden zu wollen. Die entspanntere häusliche Situation hatte ebenfalls zu seiner Veränderung beigetragen. Sein Selbstbewußtsein war gestiegen, und er hatte verstehen gelernt, daß er selbst sein Symptom aktiv verändern konnte.

Die Bevorzugung des einen Kindes, die Benachteiligung des anderen in einer Familie kann die unterschiedlichsten Gründe haben[32]. Nehmen wir einmal an, ein Kind wird vom Vater bevorzugt, weil es ein Mädchen ist, die Mutter aber bevorzugt den Jungen (oder umgekehrt). Viele Eltern, die ich befragt habe, ob sie Jungen oder Mädchen unterschiedlich verwöhnen würden, haben dieses (auf der bewußten Ebene) verneint. Erzieherinnen und Lehrer haben mir fast ausschließlich mitgeteilt, daß sie der Meinung seien, daß sie auch heute noch unterschiedlich erzogen würden.

Ursula Scheu hat in ihrem Buch „Wir werden nicht als Mädchen geboren, wir werden dazu gemacht" behauptet, daß Jungen von ihren Müttern bevorzugt würden: „Mädchen werden nicht nur seltener gestillt, es ist auch auffallend, daß ihre Mahlzeiten von kürzerer Dauer sind als die der Jungen. So fanden Brunet und Leziné heraus, daß Jungen im Alter von zwei Monaten 45 Minuten für Brusternährung brauchten, Mädchen hingegen nur 25 Minuten. Mädchen im Alter von sechs Monaten bekommen die Flasche für 8 Minuten, die Jungen hingegen für 15 Minuten."[33]

Die Mädchen werden nach diesen Untersuchungen dazu gedrängt, schneller zu trinken, d. h. die Mütter verkürzen ihnen die Pausen. „Diese Pause wird dem Jungen von der Mutter eher zugestanden als dem Mädchen. Bei ihm akzeptieren die Mütter den ihm eigenen Rhythmus, beim Mädchen nicht. Die französischen Psychologinnen vermuten, daß das etwas mit der unbewußten Achtung der Frauen vor der männlichen Autorität zu tun habe. Das heißt, schon die Mutter akzeptiert in ihrem Neugeborenen den Mann und gesteht ihm seinen eigenen Willen zu – bricht jedoch diesen eigenen Willen beim Mädchen."[34] Das Mädchen wird eher entwöhnt und muß früher selbständig essen. Dagegen wird beim kleinen Jungen Autonomie eher gewährt und gefördert, beim kleinen Mädchen wird eher Anpassung und Unterordnung gefordert[35].

Bei allen Themen klingt durch, daß die Mutter, selbst aufgewachsen in einer patriarchalischen Kultur, den Jungen zum Symbol einer Autorität macht, der sie selbst unterworfen ist[36]. Dazu kommt, daß Frauen ihre (oft unerfüllten) Wünsche in ihrer Partnerschaft, aber auch ihre Minderwertigkeitsgefühle als Frau über den Sohn zu kompensieren versuchen. Auch hier kann es nur durch anwesende und aktive Väter Veränderung geben, auch das ist nicht „Schuld" der Mütter.

Äußerungen von Erwachsenen, die sich an die Bevorzugung von Jungen in ihrer Ursprungsfamilie erinnern, bestätigen diese Aussagen.

*„Mein Bruder ist verwöhnt, ich nicht", sagt eine fünfunddreißigjährige Frau. „**Nur ich mußte im Haushalt helfen, er nicht.** Aber ich habe mein ‚Schonprogramm' gezielt eingesetzt. Wenn ich keine Lust mehr hatte, habe ich geweint – dann mußte ich auch nicht. Das setze ich heute noch ein."*

Eine einunddreißigjährige Frau:
*„Mein Bruder war doppelt bevorzugt: Er war **der einzige Junge unter Mädchen** und der Jüngste. Meine Mutter hat ihn von vorne bis hinten verwöhnt, das gilt bis heute. Konsequent. Er ist der Schwache, wir-Frauen sind eher die Starken. Sie kocht heute noch für ihn. Im Haushalt mußte er früher erst dann etwas machen, nachdem wir uns bitter beschwert hatten. Er mußte dann den Müll runterbringen, einmal die Woche, und wir mußten alles andere machen. Mein Bruder genießt bis heute diese Sonderrolle. Ich könnte da manchmal ausrasten, wahrscheinlich aus Neid."*

Unter Geschwistern steht jahre- und jahrzehntelang die Frage im Mittelpunkt: „Wer bekommt mehr?" oder „Wen mögen die Eltern lieber?" Das führt zu Neid, Eifersucht und Kampf unter den Geschwistern. Auch **die Schwester unter**

Brüdern hat häufig eine Sonderstellung, d. h. sie wird mehr verwöhnt als die anderen.

Eine einundfünfzigjährige Tochter (zweifache Mutter und vierfache Großmutter) sagt dazu:

„Ich glaube schon, daß ich sehr verwöhnt wurde. Als jüngste Tochter mit zwei größeren Brüdern war ich etwas Besonderes. Ich habe das als Haltung gelernt, mich sehr klein zu machen und oft zu sagen: Das kann ich nicht. Dann ist immer jemand eingesprungen und hat es für mich gemacht. Meine Mutter hat mir erzählt, wenn mein Vater während der Kriegszeit nach Hause kam, saß ich auf seinem Schoß und durfte ihm die Wurst vom Brot essen, und sein Spruch dazu war: ,Sie ist ja ein bißchen dumm, aber für ein Mädchen macht das nichts.' Geblieben davon ist, daß ich den Männern alles besser zugetraut habe. Immer wieder habe ich gesagt: ,Ich kann das nicht, mach du mal, du kannst es viel besser.'"

In Lebensgeschichten von Erwachsenen höre ich häufig, wie sehr sie unter der Bevorzugung eines Geschwisters durch dessen Krankheit oder Behinderung gelitten haben. Diese bekommen dadurch oft ein Übermaß an Aufmerksamkeit und stehen mit ihrem Leiden im Mittelpunkt der Sorge und Pflege der Eltern.

Die Stiefkindsituation kann auch Gefühle des Zu-kurz-gekommen-Seins entstehen lassen. Der Vater z. B. heiratet wieder (nachdem er einige Zeit mit dem Kind alleine gelebt hat), und sein Kind kommt mit in eine neue Familie hinein, in der bereits andere Kinder vorhanden sind. Auch dieses kann starke Gefühle des Zurückgesetztsein auslösen, denn das Kind wird mehrfach entthront. Zunächst muß es eine neue Frau des Vaters akzeptieren lernen und dann bekommt es noch „Geschwister". Eine völlig ungewohnte Situation für das bisherige Einzelkind. Zu diesem Problem sind noch viele andere Variationen denkbar.

In anderen Familien ist ein Kind das Lieblingskind, weil es besonders hübsch, brav oder klug ist. Diese Bevorzugung löst beim anderen immer eine „Aschenbrödelsituation" aus.

Die vorgezogenen Kinder fühlen sich durch die Bestätigung der Eltern übertrieben stark. Sie versuchen, die Rolle des Ersten ständig bestätigt zu sehen. Aber diese Machtposition ist dauernd in Gefahr, und die Angst, diese zu verlieren, führt zu Anspannung. Zwar werden sie bevorzugt, übertrieben gelobt oder bekommen mehr Geschenke. Aber sie zahlen einen hohen Preis dafür, da sie insgesamt damit überfordert werden, die überhöhten Erwartungen der Eltern erfüllen zu müssen. Das Gefühl, etwas Besseres, Schöneres und damit Besonderes zu sein, führt zu dem Anspruch: „Ich muß **überall** sofort bewundert werden". Es entwickelt einen übertriebenen „Drang nach Geltung, Liebe und Zärtlichkeit, deren Befriedigung fast nie gelingt, geschweige denn sofort. Was das Lieblingskind, das verhätschelte, verzogene Kind anlangt, so besteht dessen Schädigung vor allem darin, daß es schon frühzeitig seine Macht fühlen und mißbrauchen lernt."[37] Solche Kinder sind leicht anmaßend und neigen zu Wutausbrüchen, wenn die Umwelt auf ihre (ständig steigenden) Forderungen nicht eingeht. Eltern und Geschwister werden als ihre Diener angesehen.

Die Bevorzugung eines Geschwisters (zum Nachteil eines anderen) ist Eltern oft nicht bewußt. Sie reagieren so, weil sie eigene, unbewältigte Kindheitserfahrungen (d. h. ihre eigene Geschwisterkonstellation, geschlechtsspezifische Erziehung u. a.) bei ihren Kindern wiederholen. Eltern sollten sich selbst fragen: „Kenne ich eher die Gefühle des Lieblingskindes oder die des Aschenbrödels, und wie übertrage ich diese Erfahrungen auf meine eigenen Kinder? Fühle ich mich heute vielleicht immer noch benachteiligt, und verwöhne darum meine Kinder?" Oder: „Möchte ich selbst bewundert werden, und verwöhne darum, damit meine Kinder mich bewundern?"

Konflikte in Kindergarten und Schule

Die Machtposition, die das Kind innerhalb der Familie hat, kann es außerhalb, in Kindergarten und Schule, häufig nicht erringen. Gelingt es ihm dort nicht, im Mittelpunkt zu stehen, zieht es sich beleidigt und trotzig zurück, denn im kooperativen Mitmachen ist es bisher nicht geübt.

Je maßloser bisher die häusliche Verwöhnung war, um so größer werden jetzt die Probleme sein. Daraus entstehen für die Kinder viele Konflikte, die ich hier nur kurz andeuten kann. Und auch Eltern, die ihr Kind sehr behütet und gegen andere Einflüsse abgeschottet haben, kann die Konfrontation mit anderen „Werten" verunsichern. Ich möchte hier auf zwei beispielhafte Probleme eingehen:

Das Kind bringt „schlechte Ausdrücke" mit nach Hause. Es versucht, den neugewonnen Sprachschatz an den Eltern auszuprobieren: „Du bist eine blöde Mama" oder „doofer Papa" sind noch die harmloseren. Das tut den Eltern meistens weh. Eltern können damit aber lockerer umgehen, wenn sie sich bewußt machen, daß ihr Kind damit versucht, sich mit allen Kräften in die neue Gemeinschaft einzufügen und akzeptiert zu werden. Und dazu gehören dann auch die fraglichen Aussprüche. Kinder erproben ihr neues „Wissen" zu Hause, weil sie sich hier sicher fühlen.

Das nächste Thema ist der Umgang mit Spielzeugwaffen bzw. das „Schießen". Gerade Eltern, die ihr Kind gewaltfrei erziehen wollen, reagieren dann entsetzt. Doch auch hier gilt – neben anderen Motiven: Die Großen machen es den Kleinen vor, und die Kleineren machen es nach, um schon „dazuzugehören".

Beide Themen konfrontieren Eltern damit, daß es ab sofort noch andere „Autoritäten" gibt, die ihr Kind miterziehen: die Erzieherin, die anderen Kinder. Und diese sind nicht bereit, die häusliche Verwöhnung fortzusetzen.

Der Kindergarten ist, neben der Anforderung und dem Lernprozeß für die Kinder, auch ein bereichernder Schritt für die Eltern – nicht nur für die Kinder. Sie müssen sich mit anderen Erwachsenen und Kindern auseinandersetzen, sie beobachten, daß andere Kinder anders erzogen werden und müssen sich schrittweise von ihrem Kind trennen.

Wichtig für die Kinder ist: Sie brauchen gerade in der Anfangsphase der Trennung von den Eltern von ihnen viel emotionale Wärme und Unterstützung.

Der *Schuleintritt* ist für jedes Kind etwas Besonderes, es eröffnet die Welt der „Großen", zu denen es gerne gehören möchte. Ob es bereit ist, dabei selbst aktiv mitzumachen, liegt an seinen bisherigen Erfahrungen. Ein Kind, das schon vorher gelernt hat, Ängste zu überwinden, neue Erfahrungen zu machen, wird sich leichter auf die neue Situation einstellen – trotz der hin und wieder auftretenden Ängste.

Das mutige Kind wird manchmal auch verzagen, doch es wird immer wieder bereit sein, es von neuem zu versuchen, sich schwierigen Aufgaben zu stellen. Es hat ein gesundes Selbstbewußtsein entwickelt, weil es zu Hause in seinen sozialen Fähigkeiten unterstützt wurde. Und es kann seine eigenen Fähigkeiten einigermaßen realistisch einschätzen.

Es wird darum:

– neue Aufgaben übernehmen und ausführen sowie eigene kreative Lösungen entwickeln;

– mit Frustrationen umgehen können;

– Auseinandersetzungen und Kritik von seiten des Lehrers und der Klassenkameraden standhalten;

– eigene Bedürfnisse zugunsten der Klassengemeinschaft zurückstellen, d. h. andere unterstützen und mit ihnen kooperieren.

Die Maxime des mutigen Kindes wird sein: *„Ich mache mit, weil ich gerne lerne!"*

Das mutlose Kind hat die Welt bisher als eine Art Schlaraffenland kennengelernt, in der es ohne Anstrengungen alles bekommen hat. Es ist passiv, hilflos und erwartet Hilfe von außen, meist von den Erwachsenen. Es fühlt sich klein und muß dieses Gefühl durch unsoziales Verhalten kompensieren.

Es ist darum nicht bereit:

– neue Aufgaben zu übernehmen und auszuführen. Dies führt dann langfristig zu Lernhemmungen.

– mit Frustrationen umzugehen: Es trotzt oder gibt passiv auf.

– Auseinandersetzungen und Kritik von seiten des Lehrers und der Klassenkameraden standzuhalten: Es sucht eher die exklusive Beziehung zum Lehrer. Gelingt ihm das nicht, wird es oft zum „Klassenclown".

– eigene Bedürfnisse zugunsten der Klassengemeinschaft zurückzustellen: Es war ja bisher gewöhnt, überall seine Bedürfnisse durchzusetzen.

– mit Mißerfolg fertigzuwerden: Es wurde bisher für alles zu viel gelobt und konnte nicht lernen, die eigenen Fähigkeiten realistisch einzuschätzen. Es neigt dazu, sich zu über- oder zu unterschätzen.

Die Maxime des mutlosen Kindes lautet: *„Wenn ich schon nicht der Beste sein kann, dann wenigstens der Schlechteste. Auf jeden Fall will ich die Aufmerksamkeit der anderen."*

Der Schuleintritt wird auch die häusliche Situation verändern. Wenn das Kind in der Schule nicht mitmacht, sind die Eltern enttäuscht. Da sie das Kind aber nicht rechtzeitig daran gewöhnt haben, Aufgaben zu übernehmen, Regeln einzuhalten und Forderungen zu erfüllen, ist es jetzt damit überfordert, plötzlich Leistungen erbringen zu müssen.

Auch Freundschaften aufzubauen und zu pflegen ist für das verwöhnte Kind ein Problem, da es sich eine Anspruchshaltung gegenüber anderen angewöhnt hat, auf die andere Kinder nicht eingehen. Es wird gemieden, was wiederum auch die Eltern kränkt.

Maßlose Verwöhnung hat also einen großen Einfluß auf die weitere Entwicklung der Kinder – und auf das spätere Verhältnis zwischen Eltern und Kindern: Enttäuschungen sind vorprogrammiert.

Teil III:

Es kommt darauf an, was man daraus macht

Verwöhnt ins Erwachsenenleben

Eltern, die den Erziehungsalltag bewältigen müssen, sind oft zu wenig bereit, sich mit möglichen langfristigen Folgen ihres jetzigen Verhaltens bei ihrem Kind auseinanderzusetzen. Darum habe ich Erwachsene jeden Alters befragt, wie sich ihrer Meinung nach Verwöhnung in der Kindheit auf ihr späteres Leben ausgewirkt hat.

Eine fünfundsiebzigjährige ehemalige Sozialarbeiterin erzählt:

„Ich war ein sogenanntes ‚Wunschkind' und wurde sieben Jahre nach meinem Bruder geboren. Meine Mutter hatte sich ein Mädchen gewünscht, sie war damals vierzig Jahre alt. Mein Vater kam während der Zeit der Geburt in russische Gefangenschaft und lernte mich erst kennen, als ich dreieinhalb Jahre alt war. Aus diesem Grunde hatte er einen gewissen Abstand zu mir. Er hatte in Sibirien Schweres erlebt und fand wohl nur schwer Zugang zu einem kleinen Mädchen. Er war für mich Autorität und war auch recht streng zu mir. Umsomehr widmete sich meine Mutter mir. Weniger waren es äußerliche, materielle Dinge, mit denen sie mich verwöhnte, als Zeit und Geduld, die sie aufbrachte und Anteilnahme an meinen Erlebnissen und meinen Freundschaften. Mein Bruder schaltete, sehr zu meinem Mißfallen, sich oft in meine Erziehung ein. Er genoß die Vorteile eines Jungen, (wie es zu der damaligen Zeit Sitte war).
Daß ich so geliebt worden bin, hat mich sicher zu einer positiven Lebenseinstellung gebracht. *Die Nachteile waren,*

daß ich lange Zeit unselbständig blieb, und da ich mich zu Hause vor der Hausarbeit drückte, hatte ich lange Zeit in der Ausbildung Schwierigkeiten."

Eine 49jährige Pädagogin berichtet, wie sie sich durch zahlreiche kleine Aufmerksamkeiten geliebt und damit anhaltend geborgen gefühlt hat und welche Kräfte das bis in ihr heutiges Leben freisetzt:

„Meine Großeltern haben mir sehr viel zugetraut und haben mir in Ruhe etwas beigebracht. Z. B. hat mir mein Großvater gezeigt, wie man den Knicks macht und wie man Luftschaukel schaukelt. Meine Mutter hatte davor Angst, sie wäre nicht mit mir raufgegangen. Er aber ist immer wieder mit mir auf den ‚Rummel' und hat gesagt: ‚Ja, so mußt du das machen.' Und dann hat der Herr seine Knickse gemacht, damit ich das richtig lerne. Der Opa hat mir auch beigebracht, wie man Schleifen bindet. Nicht meine Eltern, die waren im Geschäftsleben und hatten wenig Zeit. Ich glaube, **ich habe dieses Grundgefühl von Eltern und Großeltern mitgekriegt, daß ich ganz okay bin und daß ich etwas kann.** *Also, so einen Teil an Selbständigkeit, der ist insgesamt gefördert worden. Das hat sicher auch Nachteile, weil es dann auch viel zu früh war, weil ich zu wenig kindliche Dinge ausleben konnte, aber das Zutrauen in mich selbst, das ist sehr gestärkt worden. Das Gefühl, geliebt worden zu sein, das habe ich eh ganz stark. Natürlich – auch im Mittelpunkt zu stehen, vielleicht in bestimmten Phasen zu sehr. Aber ich denke, daß ich in meinem Leben, gerade in Krisensituationen, darauf zurückgreifen konnte. Und in Krisen, die ich ja auch reichlich in meinem Leben hatte und die ich alleine durchstehen mußte, da war immer das Gefühl: ‚Da gab es und gibt es Menschen, die mich geliebt haben.'"*

Zu welchen „Behinderungen" im Leben die maßlose Verwöhnung in der Kindheit führen kann, schildert zunächst eine vierzigjährige Mutter:

„Ich habe nicht das Gefühl entwickeln können, zuständig zu sein, und ich fühlte mich nie von den Erwachsenen ernst genommen. Ich war es gewohnt, daß alles von selbst kam, und vor allem lernte ich nicht, mich auseinanderzusetzen. Später wollte ich mich darum immer anlehnen, weil ich dachte, ich könne nicht alleine stehen und ich sei nur vollwertig durch einen anderen Menschen. In meinen Partnerschaften hatte ich später Schwierigkeiten, etwas zu fordern. Ich brauche immer einen Schutzhafen, und wenn ich den nicht habe, bin ich nicht vollständig. Dann bin ich auch nicht leistungsfähig. Ich glaube immer, man nimmt mich nicht ernst, weil ich alleine bin, und alleine bin ich nichts."

Wenn einem Kind zu viel abgenommen wurde, es niemals lernt, selbst Entscheidungen zu treffen, hat es keine Chance, eigenständig handeln zu lernen. Ein so verwöhnter Mensch erwartet übermäßige Zuwendung und Liebesbeweise ausschließlich vom Partner, was wiederum zu Konflikten führen muß, da sich dieser eher bedrängt fühlen wird.

Eine dreißigjährige Frau, die durch eine überstarke Verwöhnung große Probleme im Leben bekam, sieht diese Erziehung heute sehr kritisch:

„Meine Kindheit und Jugend verliefen überbehütet und in einem starken Abhängigkeitsverhältnis zu meiner Mutter. So hat meine Mutter für mich die Schularbeiten gemacht, das führte bei mir zu Lustlosigkeit und immer neuen Ansprüchen an meine Mutter. Ich war brav, da ich mitansah, wie mein Bruder, rebellisch und sich gegen alles wehrend, dadurch in ständige Konflikte kam. Schon in der Kindheit schluckte ich viele Schlaftabletten.

Meine Angst vor dem Lernen wurde immer größer, und ich ging immer seltener in die Schule. Darum brach ich die Schule vorzeitig ab und begann ab meinem sechzehnten Lebensjahr, in der Welt herumzureisen. Dabei kam es zu verstärktem Tabletten- und Alkoholmißbrauch. Jahrelang ging das so. Meine Eltern waren trotzdem immer wieder bereit, mich zu unterstützen – obwohl ich ihnen in dieser Zeit sicher großen Kummer gemacht habe.

Oft habe ich mich gefragt, warum das alles so gelaufen ist. Ich hatte einfach zu wenig Selbstbewußtsein. Ich konnte mich für nichts entscheiden, schwankte ständig und ließ mich von jedem beeinflussen. Nahm ich Drogen, so konnte ich alles vergessen. Ich glaube, ich wollte immer noch klein und hilflos bleiben, und meine Mutter sollte alles für mich machen."

Diese ehemals stark verwöhnte junge Frau hat es bis heute sehr schwer, ihr Leben selbst aktiv zu gestalten. Ihre Entmutigung und Unselbständigkeit verhinderten bisher, daß sie erwachsen werden wollte. Noch mit dreißig Jahren ist sie von den Eltern finanziell abhängig, da sie bisher keine Berufsausbildung abgeschlossen hat. Bis jetzt ist ihr Ziel, Anerkennung und Hilfe von außen zu bekommen. Schwierige Lebenssituationen konnte sie bisher nur mit Tabletten und Alkohol beantworten. Sich selbst ein Ziel setzen und es mit einer gewissen Anstrengung auch erreichen, hat sie nie lernen können.

Der maßlos Verwöhnte entwickelt nicht das Gefühl: Ich kann etwas verändern oder selbst gestalten, er erwartet die Hilfe immer von außen.

Verwöhnen von der schönsten Seite

Wie nun können Eltern, statt ihre Kinder „maßlos" zu verwöhnen, sie „richtig" verwöhnen, damit das Kind das bekommt, was man auch Liebe, Geborgenheit und Zuwendung nennen kann? Im folgenden kommen ausführlich eine Mutter und eine Tochter zu Wort. Die Mutter, Einzel-„Kind", 49 Jahre, war in den ersten Lebensjahren ihres Kindes bewußt zu Hause geblieben, hat dann trotz Kind eine Berufsausbildung gemacht und war danach immer ganztags berufstätig.

Die **Tochter** Sarah (Einzelkind, 22 Jahre), wuchs zunächst mit Mutter und Vater, dann (von ihrem fünften Lebensjahr an) mit Mutter und Stiefvater auf. Weitere feste Bezugspersonen blieben der Vater und eine liebevolle Großmutter.

Sie äußert sich heute zufrieden und anerkennend über ihre Kindheit und Jugend – etwas, was ich sonst eher selten zu hören bekomme. Mehrheitlich wird auf die zu bedrängenden oder zu beschützenden Mütter und die fehlenden und (materiell) zu verwöhnenden Väter geschimpft.

Mutter und Tochter habe ich getrennt befragt, d. h. sie kannten jeweils das Interview der anderen nicht.

Ich habe ihre Aussagen später hintereinander gestellt und jeweils mit einem erklärenden Kommentar versehen.

In beiden Interviews habe ich mich an die (bereits im zweiten Kapitel skizzierten) Themen gehalten, die meiner Meinung nach nötig sind, um die maßlose Verwöhnung zu vermeiden.

Diese Themen sind:

Zeit haben – Verstehen – Gespräch – Ernstnehmen – Selbständigkeit unterstützen – Zum Mitmachen gewinnen –Ermutigen – Vorbild sein – Höflichkeit – Stille/Muße – Humor – und Gegenseitige Freunde/Verwöhnung.

Zeit haben

Mutter:

„Dieses ganz, ganz tiefe Gefühl: ,Das ist mein Kind! Das war so von Anfang an und ist es bis heute. Und da kommt nichts dazwischen: kein Mann, keine Arbeit, gar nichts, was das wirklich stört. Da könnte sonstwas sein, da würde ich sofort auf der Matte stehen und wäre da. Das habe ich ihr vom ersten Moment an vermittelt. **Von daher ist es so, daß ich, von meinem Anspruch her, nicht genug Zeit gehabt habe.** *Ich glaube, daß ich in bestimmten Zeiten als Mutter nicht genügend vorhanden war, weil ich zeitweilig noch mal selbst ein kleines Mädchen war. Damit kann ich heute leben, das ist so, und das kann ich mir auch verzeihen. Mein Anspruch aber wäre es gewesen, sie noch mehr Kind sein zu lassen.“*

Sarah:

„Sie hat Zeit genug für mich gehabt, aber auch wieder nicht, denn sie hat sehr intensiv ihren Beruf und ihre Fortbildung gemacht. Was es immer gab, waren so die Kleinigkeiten im täglichen Leben, die stimmten einfach. Es war schon so, **wenn ich sie gebraucht habe, war sie auch da.** *Das ist schon mal das Wichtigste. Im großen und ganzen denke ich, daß wir eine Menge Zeit miteinander verbracht haben.*

Wir haben dann etwas zusammen gemacht, wenn wir gerade Lust dazu hatten. Oft haben wir es beide sagen können. Und dann haben wir beide überlegt, ob wir richtig was unternehmen wollen, ins Theater oder Kino oder zusammen Kaffetrinken oder Spazierengehen. Das gab es alles, und wir konnten uns einigen. Am Anfang rangeln wir uns, weil wir beide nicht so ganz einfach sind. Wenn wir es genau ausgesprochen haben, dann geht es auch.“

Ein Kind braucht Zeit, um sich geliebt und geborgen fühlen zu können. Wie oft bekommen Kinder aber zu hören: „Ich habe keine Zeit!" oder „Beeil dich, sonst kommen wir zu spät!" Dann beklagen sie sich: „Meine Mutter drängelt immer!" oder „Mein Vater ist sowieso fast nie da und wenn, will er seine Ruhe haben. Für mich hat er nie Zeit." Diese ernstzunehmenden Klagen höre ich immer wieder, sowohl von Drei- als auch von Achtzehnjährigen. Nur (zu oft) werden sie von uns Erwachsenen überhört.

Aber auch jeder, der mit Kindern zusammenlebt, kennt die Schuldgefühle, den Kindern nicht genügend Zeit geben zu können. Es ist schwer, seine Zeit für alle Beteiligten befriedigend einzuteilen. Die Doppelbelastung (Kind/er und Haushalt) oder sogar Dreifachbelastung (Kind/er, Haushalt und Beruf) machen eine perfekte Organisation notwendig.

Aber die bewußte Entscheidung für ein Kind oder mehrere Kinder erfordert, daß auch für das gemeinsame Spielen, Essen, Reden oder Unternehmungen Zeit mit eingeplant werden muß. Trotz aller Belastungen, und sie sind heute enorm, kann sich jede/r fragen, ob sie oder er **eine halbe Stunde am Tag** oder **zwei Stunden am Wochenende** (oder auch mehr) Zeit findet, in der er/sie sich ausschließlich (ohne irgendwelche Nebenbeschäftigungen) mit ihrem Kind „verabreden". Durch dieses zeitweilige Im-Mittelpunkt-Stehen entwickelt das Kind (das gilt für jedes Alter) ein Gefühl für seine Wichtigkeit. Diese Form der Zuwendung stärkt sein Selbstbewußtsein. In diesem Sich-auf-den-anderen-Einstellen fließen Gedanken und Gefühle hin und her. Das Kind, das dieses in seiner Kindheit (der Jugendliche, der dieses in seiner Pubertät) erfahren konnte, wird auch in späteren Jahren das Gefühl haben können, daß man sich bei Problemen an andere wenden kann, und daß man die eigenen positiven Erfahrungen weitergeben und sich geborgen und geliebt fühlen wird.

Eltern sollten darum einmal ganz in Ruhe innehalten und sich ernstlich (oder auch das Kind) fragen: „Stimmt das, habe ich wirklich zu wenig Zeit? Liegt es an meiner fehlenden Planung? Halte ich andere Dinge als das Zusammensein mit meinem Kind für wichtiger?"

Verstehen

Mutter:

„Vielleicht habe ich sie in der Pubertät nicht verstanden. Da war es manchmal schwierig, die gefühlsmäßigen Wandlungen von ihr mitzumachen. Wo sie sich morgens wie eine Dreijährige und abends wie eine Achtzehnjährige fühlte. Und da kommt man als Mutter schwer hinterher. Am meisten Schwierigkeiten, sie zu verstehen, hatte ich, solange sie noch nicht sprechen konnte. Ich war später sehr glücklich, als ich ihre Kinderfilme wieder sah und feststellte, daß sie gar nicht so unglücklich war, wie ich immer dachte.

Ich finde es heute sehr beglückend, daß ich innerlich den Bogen knüpfen kann zu dem, was zwischen meiner Mutter und mir war und zwischen dem, was zwischen ihr und mir ist. *Und als ich neulich zu ihr ging, hatte ich das Gefühl, ich bin heute ganz nah und liebevoll und schön mit ihr zusammen, und dann gehe ich aber auch wieder, und das ist okay so.“*

Sarah:

„Meine Mutter hat mich nicht immer verstanden, aber sie hat es versucht. *Das ist für mich ein wichtiger Punkt. Was ich bei ihr toll fand – daß sie mich hat leben lassen.*

Wenn es mir früher in der Schule nicht gut ging, wurde das von ihr mitgetragen. Das ist etwas sehr Positives für mich. Ich hatte dabei immer das Gefühl, egal, was passiert, sie wird ein offenes Ohr dafür haben. Sicher war es für sie auch nicht leicht, wenn ich mit schlechten Zeugnissen nach Hause kam. Aber sie wußte, daß ich schon genug unter Druck war. Klar kam auch mal eine blöde Bemerkung und ich war sauer. Jetzt finde ich es toll, daß wir uns beide gegenseitig viel sagen, was gerade bei der anderen los ist, bis zu der Bemerkung: ‚Ich vermisse dich ganz doll.‘ Das ist möglich. Und so was erlebe ich nicht in vielen Familien.“

Erziehung sollte Hilfe zur Persönlichkeitsentwicklung eines Kindes sein. Das Motto von Selbsthilfegruppen: „Hilfe zur

Selbsthilfe" könnte auch das Motto für Erziehung sein. Falsch verstandene Hilfe wäre maßlose Verwöhnung. Da das Kind zu Beginn seines Lebens so klein und tatsächlich hilflos ist, fühlen wir Erwachsenen uns leicht verführt, ihm zu viel zu helfen, ihm zu viel abzunehmen oder bereits etwas für das Kind zu tun, bevor es überhaupt einen Wunsch geäußert hat. Das andere Extrem (ebenso weit verbreitet) ist das Zuwenig, dem Kind wird kaum oder keine Hilfe angeboten, es soll alle Erfahrungen allein machen. Es erfährt keine Grenzen und wird dadurch ebenfalls nicht genügend auf die Realität und das Leben in der Gemeinschaft vorbereitet.

Richtiges Verstehen bedeutet, daß der Erwachsene „versucht", sich in die aktuelle Situation des Kindes oder Jugendlichen hineinzuversetzen. Eltern, Erzieherinnen und Lehrer müssen darum über altersgemäße Entwicklungsschritte Bescheid wissen.

Außerdem können sie ein Kind nur dann verstehen, wenn sie um seine individuelle Entwicklungsgeschichte wissen.

Das Kind verstehen heißt somit, sich für das Kind interessieren. Eltern können oft nicht die Fragen beantworten: „Was spielt Ihr vierjähriges Kind?" oder „Was liest Ihr zehnjähriges Kind?"

Alle Jugendlichen, die ich befragt habe, wünschten sich, daß ihre Eltern sich für sie interessieren – dann würden sie sich verstanden fühlen. Dieses Erlebnis des Verstandenwerdens fördert das Gefühl und das Bewußtsein, von einem oder mehreren Menschen angenommen zu sein. Nur dadurch entwickelt das Kind die Fähigkeit, mitzumachen und mitzufühlen. **Nur durch den liebevollen Blick eines anderen lernt das Kind „Ja" zu seinen Mitmenschen zu sagen.**

Gespräch

Mutter:

„Ich glaube, daß wir uns ihrem Alter gemäß verständigen konnten – und daß es ein Dialog war. Ich habe ihr vielleicht in bestimmten Zeiten zu viel mitgeteilt aus Bereichen, die

Erwachsenen-Themen waren, aber das befähigt sie heute zu manchem. Ich habe ihr eine Menge zugetraut, und ich war sicher, sie wird das schon irgendwie auf die Reihe kriegen. Sie redet auch heute weiter mit mir und nimmt meine Korrekturen und Veränderungen wahr.

Auch meine Eltern haben mir früher vermittelt, von ihnen geliebt zu werden und für sie wichtig zu sein, aber so viel geredet haben sie mit mir nicht. Das ist einfach ein tolles Lebensgefühl, daß ich das mit meiner Tochter kann."

Sarah:

„Mir fällt spontan ein, wie es war, als ich meine ‚Tage' bekam. Sie feierte Geburtstag. Kurz vorher, bevor alle Gäste kamen, hatte ich ‚sie' bekommen. Ich wußte genau, wie es ist, und trotzdem war es mir unangenehm. Dann habe ich es ihr gesagt, und sie hat sich ganz doll gefreut und mich umarmt und mit mir einen Sekt getrunken und gesagt: ‚Ich begrüße dich im Reich der Frauen.' Das fand ich so schön, und das ist eine Sache, die mir bleibt. An so Stellen war sie sehr feinfühlig.

Manchmal war es etwas, das aber nicht nur positiv war. Es gab Tage, an denen ich Streit mit Freunden hatte, mir es in der Schule nicht gutging und ich nach Hause kam und überhaupt keine Lust hatte, über irgend etwas zu sprechen. Wenn ich dann nicht wollte, da kam dieses: ‚Was ist denn los?' und irgendwie mußte ich dann doch mit ihr reden – war aber manchmal doch ganz gut. Was mich als Kind zum Wahnsinn getrieben hat: Wenn sich dann mein Stiefvater angeschlossen hat – das fand ich ganz daneben. Ich war fürchterlich wütend darüber, weil ich das Gefühl hatte, eigentlich muß **sie** das entscheiden. Sie aber schloß sich ihm an, und das konnte ich überhaupt nicht haben. Das war ein Punkt, an dem es am häufigsten Streit gab. Aber es war auch eine wichtige Sache, denn diese Form der Vater-Tochter-(Streit)-Beziehung habe ich mit meinem Vater nie gehabt, und das ist was, was ich sehr bedauere. Ich habe mit meinem Vater wenig Vater-Tochter-Beziehung gehabt. Das hatte ich alles mit ihm – denn wir haben ja zusammenge-

lebt. Es war für mich nicht einzusehen, daß er mich erzog –
denn ich hatte einen Vater und brauchte keinen zweiten.
Ich konnte meinen Stiefvater schon relativ schnell als
Mann von Mama akzeptieren, aber nicht als meinen Vater.
Das auch heute noch nicht. Aber wir verstehen uns heute
prächtig. **Geredet haben wir jedenfalls alle drei viel mitein-**
ander."

Die Art und Intensität des Gesprächs ist altersbedingt und
wird sich im Laufe des Zusammenlebens immer wieder verändern. Zum dauerhaften Gespräch gehört, daß
– das Kind Fragen stellen kann und diese beantwortet bekommt,
– das Kind zuläßt, daß die Eltern Fragen haben und es diese
beantwortet,
– beide Seiten reden, aber auch zuhören lernen,
– neben der eigenen Meinung auch die andere gelten gelassen wird,
– gemeinsam Antworten gesucht werden,
– Eltern Wissen vermitteln.
Kinder brauchen (in jedem Alter) das kontinuierliche Gespräch mit ihren Eltern und (im Idealfall) auch anderen Erwachsenen. Nur dadurch können sie allmählich Meinungen
und Auseinandersetzungen zu Problemen ihres eigenen Lebens, zum Leben anderer und zur Welt entwickeln. Sie
fühlen sich ernst genommen, wenn wir Erwachsenen sie
nach ihrer Meinung fragen, und sie beginnen dadurch, sich
auch für unsere Meinung zu interessieren.
Nur durch jahrelanges Vormachen und Einüben können sie
langfristig selbst gesprächsfähig werden.

Ein wirklicher Dialog kann nur dann entstehen, wenn wir
uns nicht über sie stellen. Das schließt autoritäre Maßnahmen aus. Erst dann werden wir voller Erstaunen wahrnehmen können, wofür Kinder sich interessieren, welche Dinge
sie beschäftigen oder bedrücken. Die Kinder können dadurch
erfahren, was für uns wichtig ist, welche Probleme wir z.B.

bei der Arbeit, mit den Kollegen haben, wie uns der ständige Streit unter den Geschwistern stört oder wie wir uns für Politik und Umwelt interessieren. Erst durch den ständigen Gesprächsaustausch lernen wir, uns gegenseitig mit unseren Gedanken, Wünschen, Erwartungen und Verschiedenheiten wirklich zu kennen. Erst dadurch wird es uns Erwachsenen möglich, die Kinder an den **richtigen** Stellen zu ermutigen und zu unterstützen.

Ernstnehmen

Mutter:

*„Ich glaube, was bei ihr schon anders war als bei mir: daß ich ihre Grenzen geachtet habe. Sicher habe ich unbewußt auch Übergriffe gemacht. **Ich habe ihre Grenzen geachtet, weil ich unter den eigenen Grenzverletzungen (bis heute) leide, so daß ich dafür sehr feine Sensoren habe.** Wie sie mir heute ihre Liebe zeigen kann und ich auch umgekehrt, das ist schon toll. Da könnte ich ganz klar vom ersten Moment an sagen: ,Ich habe sie ernstgenommen.'*

Ich denke, ich habe sie auch da ernstgenommen, wenn ich gesagt habe: ,Ich kann jetzt nicht anders', weil ich zu wenig für sie tun konnte. Ich habe es registriert und selber darunter gelitten. Und ich war oft überfordert.“

Sarah:

*„**Ich überlege, ob ich mich nicht ernstgenommen gefühlt habe... Also eigentlich nie** – mit was ich auch gekommen bin. Es war nie so, daß von meiner Mutter etwas als unwichtig oder unsinnig abgetan wurde. Auch Sachen, wo ich meinen Spleen hatte – sie ist immer drauf eingegangen, auch auf Träume und Wünsche.*

Das einzige, was immer Streitpunkt war, war, daß mein Stiefvater mich erzieht – und da fühlte ich mich nicht ernstgenommen.“

Kinder brauchen in ihrer gesamten Entwicklung das Grundgefühl: „Meine Eltern stehen zu mir, auch dann, wenn ich mal einen Fehler mache. Sie nehmen zwar dazu Stellung, verurteilen mich deswegen aber nicht." **Alle** Eltern tun viel für ihr Kind, aber zu oft bewirkt der Streß des Alltags, daß Kinder sich nicht ernstgenommen fühlen können. Sie erleben nicht das sichere Bewußtsein: „Meine Eltern sind für mich da, wenn ich sie brauche; sie interessieren sich für meine Meinung." Viele Eltern sind zu sehr mit sich und ihren Problemen beschäftigt. **Kinder spüren genau, ob wir Erwachsenen sie als gleichwertige Partner ansprechen oder wir uns ihnen in kindischer Weise zuwenden.**

Selbständigkeit fördern

Mutter:

Selbständigkeit war für mich von Anfang an ein Thema. Sicher ganz profan, weil ich selbst so bin und nicht anders gekonnt hätte. Es hängt für mich mit dem Ernstnehmen zusammen. Ich bin fasziniert vom Leben, das entsteht, wächst und sich entwickelt. Da ist so viel Respekt vor der Schöpfung. Ich weiß, wieviel Kinder selber können. Und es hat mir immer Spaß gemacht, das herauszufordern. Meine Tochter konnte mit zwei Jahren gut sprechen. Dieser Teil ist sicher bei mir sehr bewußt gewesen. Vielleicht ist das auch ein Stück meiner jüdischen Geschichte, denn für die Juden sind Kinder das Allerwichtigste. Und das finde ich auch richtig. Ich finde es wirklich einen Jammer, wie wenig wir diesem Schatz, der uns da gegeben wird, Achtung zollen."

Sarah:

„Ja, ich mußte selbständig sein. Ich konnte nicht, ich mußte. Ich wollte oft nicht, aber es war anders nicht zu machen. Ich weiß, daß ich mir mit fünf Jahren mein Spiegelei selbst machen konnte, was andere noch nicht mit zwölf machen, weil Mama eben nicht da war. Das ist aber etwas, was

ich im nachhinein nicht als Nachteil sehe. Ich weiß, daß ich, wenn ich als Kind oft bei Freundinnen war und deren Mütter mittags kochten, die Wäsche machten und ‚richtige‘ Hausfrauen waren, das toll fand, das hätte ich auch gern gehabt. Aus jetziger Sicht bewundere ich das, daß eine Frau es mit Kind schafft, Studium und Ausbildung zu machen, das ist ja ein Brocken! Ich weiß trotzdem, daß ich es als Kind oft anders gewünscht habe – eine harmonische Heile-Welt-Familie: Papa, Mama und ich. Mama kocht mittags, ich komme aus der Schule und habe keinen Schlüssel um den Hals. Trotzdem, wenn die beiden zusammengeblieben wären, das wäre vielleicht ein Alptraum geworden. Das sehe ich schon so, aber es war trotzdem mein Wunsch. Das ist der Teil, den ich als Kind nicht hatte, und das möchte ich wahnsinnig gern mal mit eigenen Kindern haben. In den ersten Jahren hatte ich das auch, aber das erinnere ich nicht. Ich mußte also schon sehr klein öfters alleine sein. Ich habe viel allein gespielt, und ich hatte nie Probleme, mich zu beschäftigen. In der vierten Klasse hat die Mutter einer Freundin gesagt: ‚Ach, die Sarah, die ist ja schon so selbständig.‘ Das habe ich nie vergessen.

Ich weiß noch, daß Mama mit mir nie Hausaufgaben gemacht hat – was ich heute als echten Nachteil sehe, damals fand ich das toll. Ich wurde nie kontrolliert. Heute sehe ich eher, was ich dadurch hinterher für Schwierigkeiten hatte, weil ich manche Sachen einfach nicht gelernt habe. Ich bin spielen gegangen und habe nur das Nötigste gemacht. Das ist sicher etwas, da würde ich mit eigenen Kindern irre streng sein, auch wenn das vielleicht das Gegenteil bewirken würde. Da hätte ich mir mehr Unterstützung gewünscht. Ich sehe es heute so, ich würde mein Kind in den ersten Jahren triezen, es würde davon auch genervt sein, aber wenn es das Abitur hat, wird es sagen: ‚Danke, Mama‘. Während ich jetzt sage: ‚Hätte sie mal‘. Aber wer weiß, ob das klappt. **Meine Mutter und mein Stiefvater haben mir immer vorgemacht, daß sie weiterlernen.** Und ich bin heute auch ein Mensch, der sagt: ‚Ich will immer weiterlernen‘. "

Das eigentliche Anliegen einer gelungenen Erziehung sollte es ein, das Kind aus der extremen Unselbständigkeit und Hilflosigkeit in die Selbständigkeit und Autonomie zu führen. Daß dies eine tägliche Gratwanderung bedeutet, haben wir eindrücklich geschildert bekommen. Nur durch Beobachtung können wir Erwachsenen eine Haltung zu diesem Thema bekommen. Jedes Kind will zunächst von früh an selbst etwas tun, ausprobieren, nachmachen, wenn wir es lassen können und uns nicht helfend (und damit das Kind entmündigend) einmischen. Es zeigt einen unermüdlichen Forscherdrang, der den genau hinsehenden Erwachsenen faszinieren und von dem er nur lernen kann. Das ist aber nur möglich, wenn wir äußerlich passiv, aber innerlich aktiv sein können.

Das Baby will den Löffel allein halten, das Kleinkind den Staubsauger anstellen, das Vorschulkind will nachsehen, ob die Straße frei ist, und das Schulkind will seinen Freund, der eine Straße weiter wohnt, allein besuchen gehen.

Es fällt uns Erwachsenen schwer, die vielen kleinen, täglichen Schritte nur mitzubegleiten, denn zu oft (vor allem zu schnell) meinen wir, daß das Kind etwas noch nicht kann. Wir haben Angst vor den Folgen, die wir tatsächlich auch eher übersehen. Aber wir müssen wissen, daß jede unnötige Einschränkung beim Kind zur Entmutigung führt. Und das entmutigte Kind richtet sich darauf ein, daß es jemanden gibt, der für es redet und handelt.

Was würde geschehen, wenn das Baby mit dem Löffel essen will? Es wird sich und seine Umgebung ganz sicher zunächst beschmieren, aber es hat es allein versucht – und dieser Erfolg ist für seine Gesamtentwicklung viel entscheidender als ein verschmierter Tisch.

Das Kleinkind will helfen – kann davon der Staubsauger kaputtgehen? Vermutlich nicht. Viel wichtiger ist, daß es seinen Beitrag leistet und Spaß am Mitmachen bekommt.

Das **Vorschulkind** muß lernen, mit den realen Gefahren der Straße umzugehen. Dieser Gewöhnungsprozeß dauert Jahre, und es muß früh damit beginnen. Und bereits jetzt muß es selbst Verantwortung übernehmen – es sei denn, die Eltern wollen es auch die nächsten Jahre täglich vor die Schule fahren und es dort abholen. Seinen Wunsch, groß werden zu wollen (und dazu gehört auch das Überqueren der Straße), müssen wir unterstützen.

Zum Mitmachen gewinnen

Mutter:

„Sarah hat an vielen Stellen mitgemacht – an anderen nicht. Beispielsweise das Aufräum-Thema. Sie durfte in ihrem Zimmer Dinge stehen lassen, aber dann brach nach Tagen das absolute Chaos aus, und sie kam allein nicht mehr zurecht. Dann fand ich es selbst furchtbar, und dann habe ich geholfen. Wie ich sie sonst zum Mitmachen gewonnen habe, kann ich schwer analysieren. Da bin ich selbst viel zu sehr beteiligt.

Ich habe lange Zeit gedacht, sie hat zu wenig Trotz gehabt, und sie ist auch in der Pubertät viel zu brav gewesen (da war sie ähnlich wie ich). Da hätte sie ruhig eine Portion mehr Durchsetzungsvermögen haben und sich auch mehr mit mir fetzen können, das wäre sicher nicht schlecht gewesen. Ich glaube schon, daß ich subtil manipuliert habe, das ist der negative Teil. Der Positive ist, daß ich sie gewinnen konnte. Wir haben beide viele Kompromisse und Ideen gehabt, und ich habe ihr sicher auch Brücken gebaut. Nur das, wofür ich sie nie gewinnen konnte, war die Schule. Das hat sie selbst mal gesagt, daß sie keine Wege mehr wußte, sich dort den Erfolg zu erarbeiten, sondern der sollte einfach so kommen.

Ich hätte ihr so gegönnt, daß es für sie anders gegangen wäre und sie es besser packt, aber ich hatte damals noch zu wenig Zutrauen in mein eigenes Können, was Leistung anging. Und da hat sie sich voll mit mir identifiziert."

Sarah:

„Das weiß ich nicht, wie sie mich zum Mitmachen gewonnen hat – die Kunst muß sie mir noch verraten ... für meine

Kinder. Mir war es immer selbstverständlich. Also nicht so:
‚Bring mal den Mülleimer runter, dann gibt es Bonbons.‘
Nee, so nicht. Nicht mit Belohnung, aber auch nicht mit
Strafen. Es war mehr so, es war mir klar, daß es anders nicht
geht, und das habe ich irgendwie kapiert. Mama hat mir ge-
zeigt, was sie machen muß und hat mich dahin mitgenom-
men, und dann war irgendwann klar, daß ich eben mal ein-
kaufen gehen muß – sonst ist nichts zu essen da. Klar fand
ich das blöd, Flaschen in den vierten Stock zu schleppen,
das war so schwer. Aber ich war darüber nie richtig wütend.
Für mich war das so selbstverständlich, daß ich es bis heute
nur schwer verstehen kann, daß andere das nicht machten.
Klar habe ich auch rumgemault, weil ich keine Lust hatte,
den Müll runter zu bringen. Solche Alltagskämpfe hatten
wir schon. Ich erinnere mich auch, daß es nicht immer un-
bedingt geklappt hat. Ich weiß, wir haben versucht, irgend-
welche Haushaltspläne aufzustellen. Der normale Alltag,
mit Einkauf, das lief, aber Putzen fand ich eben auch ziem-
lich blöd.“

Aus unzähligen Gesprächen mit Eltern weiß ich, daß sie oft
der Meinung sind, daß kleine Kinder zu Hause noch nicht
mithelfen sollen. „Sie werden es schon irgendwann lernen.“
Ein folgenschwerer Irrtum. Tatsächlich paßt hier das Sprichwort: „Was Hänschen nicht lernt, lernt Hans nimmermehr.“
Ich kann niemanden damit beruhigen, der das zwei- oder
vierjährige Kind maßlos verwöhnt, daß sich das „irgendwann“ einmal geben wird. Die täglich neue Gewöhnung, alles abgenommen zu bekommen, führt zu der selbstverständ-
lichen Einstellung: „Dafür ist meine Mama da (später mein
Partner...)“.

Wenn wir Erwachsenen dem (meist noch hilfsbereiten
Zweijährigen), der beim Tischdecken helfen will, das Geschirr abnehmen: „Laß mal, du läßt es doch nur fallen“, müssen wir uns über den „Erfolg“ nicht wundern. Wenn wir um
das gute Geschirr fürchten, dann sollte es in diesem Alter des
Kindes besser weniger wertvolles sein. Viel wichtiger für die

Entwicklung des Kindes ist, daß es Freude am Helfen hat und behält und lernt, seinen Beitrag im Zusammenleben zu geben. Wenn wir bewußt hinsehen, wie stolz alle Kinder sind (solange sie durch uns noch nicht entmutigt sind), wenn sie etwas geleistet haben, dann können wir ihnen das Helfenwollen gar nicht mehr abnehmen. Lassen wir sie aber in dieser Zeit nicht mithelfen („Ich kann es selbst viel besser und schneller"), so dürfen wir uns später nicht wundern, wenn sie die Mithilfe konsequent verweigern („Meine Eltern haben es bisher auch ohne mich geschafft").

Kinder wehren sich auch oft deshalb gegen die Mitarbeit, weil wir Erwachsenen sie plötzlich aus ihrem Spiel herausreißen und fordern, daß sie sofort etwas tun sollen. Diesem Anspruch setzen Kinder ihren (berechtigten) Widerstand entgegen. Auch da kommen wir nur weiter, wenn wir überlegen: „Will ich auch sofort meine Zeitung weglegen, meinen Fernsehfilm abstellen oder meinen Telefonanruf beenden, nur weil mein Partner möchte, daß ich sofort etwas für ihn tue?" Eltern geben oft zu schnell resigniert auf, statt es dem Kind selbst zu überlassen, wann es etwas macht.

Ermutigung

Mutter:

„Was sie ganz sicher von mir gelernt hat, ist tüchtig zu werden. Und das ist auch eine Fähigkeit zu überleben, sich selbst zu ernähren oder Krisen durchzustehen. Ich glaube, da hat sie eine Menge Kapital mitbekommen. Ein Zutrauen in sich und ihre Empfindungen. Ich glaube, sie ist auch ermutigt worden, zu ihren Gefühlen zu stehen und sich als Frau zu spüren. Ich denke, ich konnte sie ausprobieren lassen. Auch in bezug auf die Wahl ihrer Freundschaften. Da waren natürlich auch mal welche dabei, die mir nicht gefielen. Da habe ich mich selten eingemischt. Wenn ich gefragt worden bin, habe ich schon was gesagt, aber ich habe sie respektiert."

Sarah:

„Ich war furchtbar schüchtern und habe mich nicht ge-
traut, jemanden anzusprechen. Eine Situation am Strand:
Neben mir spielten zwei Kinder Federball, und ich lang-
weilte mich. Aber ich hatte nicht den Mut, zu ihnen hinzu-
gehen. Und dann habe ich an Mama gehangen und gesagt:
‚Mama, mach mal'. Mama hat aber nicht gemacht, Mama
hat immer gesagt: ‚Mach selber'. Und ich: ‚Ich kann nicht,
ich trau mich nicht'. Dann hat sie zehn Minuten mit mir ge-
redet, dann habe ich es nicht gemacht, und dann hat sie ge-
sagt: ‚Na, dann laß es'. Und irgendwann war es doof, und
dann bin ich doch hingegangen. Es hat mich schon geärgert,
daß ich Mama nicht herumbekam. Ich glaube, das war oft
der Weg, daß ich versuchte, Mama für etwas zu bekommen,
sie es aber nicht machte, und dann habe ich es selber ge-
macht. Das ist für eine Mutter aber sicher auch tierisch
schwer, das auszuhalten, daß Kinder Erfahrungen selber
machen sollen. Wenn ich ein Kind auf eine Schwelle zu-
rennnen sehe und ich weiß, es wird gleich hinfallen, dann
sag mal nichts – das geht nicht. Das muß ich noch lernen.
Ich glaube, ich bin mal eine schreckliche Mutter, aber viel-
leicht lerne ich ja dann mehr Gelassenheit – wie meine
Mutter. "

Lieben heißt auch ermutigen – und zwar täglich neu. Aber
auch da kann es ein Zuviel geben. Zu viel Lob ist eher ent-
mutigend und führt zu falscher Selbsteinschätzung. Das
Kind stellt so sich darauf ein, daß es ohne überschwengliche
Bestätigung nicht bereit ist, mitzumachen. Wir Erwachsenen
müssen wissen, daß für ein Kind jedes eigene Ausprobieren
und der damit verbundene allmähliche Erfolg Anerkennung
genug bedeutet. Erziehung zum Mut sieht Adler als einen
zentralen Punkt in der Erziehung an. Nach seiner Auffassung
hat der entmutigte Mensch die Fähigkeit verloren oder nie
erworben, sich auf die „nützliche Seite des Lebens" zu stellen. Der mutige Mensch dagegen stellt sich den Schwierigkeiten des Lebens und wächst an ihnen. Das gelingt nur,

wenn das Kind von klein auf (seinem Alter entsprechend) Angebote bekommt und ermutigt wird, diese auszuprobieren. Da aber jedes Kind von Natur aus Minderwertigkeitsgefühle hat, braucht es von uns Erwachsenen anhaltend Ermutigung. Viele Kinder haben das Gefühl: „Ich kann das noch nicht, und ich traue mich auch nicht, es zu versuchen". Durch angemessene Ermutigung kann sich dieses Gefühl verändern in: „Ich kann es noch nicht, aber ich werde es versuchen".

Vorbild sein

Mutter:

„Ich war dadurch, daß ich zunächst Erzieherin war, immer schon relativ überlegt, was die Erziehung meiner Tochter anging. Aber wenn ich manchmal andere Mütter sehe, dann denke ich, daß sie oft in den ersten Jahren gefühlsmäßiger und stimmiger als Mütter sein können, als ich es wohl war. Die haben oft ein Gespür für ihre Kinder, davon hätte ich auch ein bißchen haben wollen.

Ich glaube, daß ich deshalb Erzieherin geworden bin, um ganz viel eigenes Kind-sein-Dürfen nochmal zu leben. Von daher war ich auf das eigene Kind vorbereitet. Schon als sie kam, wußte ich, ich erziehe nicht durch das, was ich im Kopf habe, sondern durch das, was ich bin. Wir hatten im Kindergärtnerinnen-Seminar ein Buch von Annemarie Dührssen, ‚Heim- und Pflegekinder in ihrer Entwicklung', gelesen. Das hat mir damals sehr imponiert. Es gab aber noch andere Vorbilder wie Maria Montessori und Helen Keller. Ich habe immer Vorbilder gesucht und auch gefunden (außer meinen Eltern), und die haben mich auch geprägt.

Meine Eltern haben mich überall hin mitgenommen, und das habe ich mit Sarah ähnlich gemacht. Ich glaube, ich war und bin für meine Tochter ein Vorbild. Aber sie hatte außerdem noch viele andere Menschen, die sie umgaben, die sie prägten und die sie mochten."

Sarah:

„Ich denke, daß meine Eltern und mein Stiefvater mir et-
was vorgelebt haben, und dadurch habe ich viele verschie-
dene Erfahrungen gemacht. Ich habe vor ein oder zwei Jah-
ren zu Mama gesagt: ‚An vielen Stellen kann ich noch von
dir lernen.' Da meinte sie, daß es sie manchmal erschreckt,
wie ich rede, weil ich doch siebenundzwanzig Jahre jünger
bin als sie und noch lange nicht die gleichen Erfahrungen
haben kann. Ich denke, das ist auch so ein Anspruch, den
ich als Kind an mich hatte, daß ich schon die gleichen Erfah-
rungen der Erwachsenen mitmachen muß. Daraus habe ich
eine Menge gelernt, und trotzdem muß ich wohl Erfahrun-
gen selbst machen.

Von Mama habe ich eine Menge Mut gekriegt, z. B. neue
Sachen auszuprobieren. Wenn ich zwischendurch mal völlig
verzweifelt und am Ende war, habe ich die Sachen nicht hin-
geschmissen. Ich habe den Mut, etwas durchzuhalten, auch
gegen andere Vorstellungen.

Das Abi habe ich gemacht, um es meinem Papa zu bewei-
sen, daß ich das kann (ich hatte immer das Gefühl, daß er
mir das nicht zutraute), und das wird mit dem Studium so
weitergehen, wie es aussieht. Vielleicht kann ich es doch für
mich machen?

Ich finde, es kostet Mut, mit Krisen umzugehen. Meine er-
ste Krise war die Trennung meiner Eltern. Es gehört eine
Menge dazu, zu sehen, daß es weitergeht.

Bei diesem Thema gibt es einen heiklen Punkt. Wir Erwachsenen müssen das Kind, den Jugendlichen auf sein späteres
Leben vorbereiten und nicht an unser heutiges Leben anpas-
sen. Dabei wissen wir aber viel zu wenig, wie ihr Leben in
zwanzig, dreißig Jahren aussehen wird und was sie dafür
brauchen werden. Da sich die Lebensbedingungn ändern und
das in steigendem Tempo, werden sie nur dann bestehen
können, wenn sie das Lernen gelernt haben, d. h. bereit sind,
lebenslang weiterzulernen. Die Umwelt und Gesellschaft
sind in einem permanenten Wandel begriffen. Darum müs-

sen Kinder Persönlichkeiten werden, die Krisen aushalten, sich um Hilfe an andere wenden können und bereit sind, anderen zu helfen. Fähigkeiten, die ihnen in der Kindheit von Eltern und anderen Erwachsenen vorgelebt werden sollten.

Durch die Erfahrungen mit seinen Eltern zieht das Kind bestimmte (und auch jedes Kind einer Familie seine eigenen) Schlüsse. Vorbild sein heißt, gleichzeitig auch zu akzeptieren, daß jedes Kind etwas Eigenes daraus macht. Adler hat dies „die schöpferische Kraft des Kindes" genannt. Entscheidend ist, ob das Kind zunächst zu seinen Eltern, später auch zu anderen Erwachsenen Vertrauen fassen kann.

Herrschen in der Familie aber Kampf und Trotz vor, so wird es sich eher gegen die Eltern wenden und jede Einflußnahme verweigern. Selbstverständlich wird es sich im späteren Leben auch Vorbilder außerhalb der Familie suchen, d. h. andere Menschen, vor allem auch Gleichaltrige, werden Einfluß auf sein Leben nehmen. Auch das müssen Eltern tolerieren lernen.

Höflichkeit

Mutter:

„Ich glaube schon, ich war höflich zu ihr. Ich habe keine Dinge von ihr erwartet, die ich nicht auch versucht habe, selber zu machen. Das ist mir nicht perfekt gelungen, aber versucht habe ich es immer."

Sarah:

„Ich kenne unterschiedliche Familien, und da herrscht teilweise ein Umgangston, das ist unglaublich – so was kenne ich nicht. Wenn ich irgendwo bin und Sohn und Mutter fetzen sich in der Form, daß der Sohn sagt: ‚Halt doch die Klappe oder verpiß dich' oder ‚Alte, dumme, blöde Kuh' oder noch schlimmer, da wird mir ganz anders. Das würde ich mir nie im Leben rausnehmen – aber das hätte eben meine Mama auch nie zu mir gesagt. Sie war auch zu mir höflich.

146

Das ist merkwürdig, darauf achte ich heute auch in meiner Freundesauswahl. Ich kann es nicht ertragen, wenn jemand unhöflich ist. Das ist vielleicht ‚gute Kinderstube' und wird heute eher als altmodisch abgetan, aber es ist mir furchtbar wichtig. Es gibt welche, die würden nie fragen, ob sie aus meinem Glas trinken können – die machen das einfach. Das ist eine Art, die regt mich total auf. Das würde ich nie machen. Da gibt es sofort absolute Minuspunkte, wenn ich sowas miterlebe. Wenn ich jemanden noch nicht kenne und der benimmt sich so, dann ist der erstmal abgehakt, dann habe ich schon kein Interesse, den näher kennenzulernen. Wenn so eine Umgangsform schon nicht stimmt, wie soll denn dann der Rest sein? Aber dressiert hat mich meine Mama nicht, sie war einfach nur höflich zu mir."

Wenn ich will, daß das Kind zu mir höflich ist, muß zunächst ich es höflich behandeln. Das hat etwas mit Selbstachtung und Achtung vor dem anderen zu tun. Das bedeutet natürlich auch, auf jegliches Schlagen als Erziehungsmittel zu verzichten.

Stille und Muße

Mutter:
„Da würde ich ungefiltert sagen: Das hat sie von mir nicht gelernt, da war ein Mangel. Kann sein, daß sie das ganz anders empfunden hat. Als sie kleiner war, war ich ja im Umbruch und Aufbau. Da hatte ich wenig Stille und Muße. Aber ich fände es total wichtig. Was ich durchaus gemacht habe, sind Konzert-, Theater- und Ausstellungsbesuche oder Spaziergänge im Wald. Ich wünsche mir im nachhinein, das hätte mehr Raum gehabt. Es beruhigte mich immer zu wissen, daß sie das von ihrer Oma bekommen hat. In den Urlauben, da hatten wir das aber sicher. Vielleicht war's ja doch da? Wenn wir zum Spielplatz gingen, so stehen bleiben und eine Schnecke angucken – das habe ich gekonnt."

Sarah:

„Ob ich Stille hatte in der Kindheit, weiß ich nicht. Ich weiß nur, daß ich mich viel allein beschäftigt habe. Ich brauche auch heute noch meinen Sonntag, wo ich im Bett liegen kann, und sonst passiert gar nichts. Ich kann auch mal einige Wochen powern, aber irgendwann brauche ich Ruhe. Mein Körper ist von klein auf gewöhnt, daß er Zeit für sich hat. Ich brauche auch sonst Zeit für mich, ich muß auch meine Tür zumachen können, das brauche ich zum Erholen. Meine Mama brauchte das auch immer.

Wenn es mir nicht gutgeht, brauche ich es nicht. Dann brauche ich jemanden, der sehr dicht bei mir ist, mich auffängt und tröstet und einfach da ist.

Ich habe mir früher oft und gern Geschichten ausgedacht, alleine. Aber mit meiner Oma habe ich das am liebsten gemacht."

Vielleicht mag manchem folgender Cartoon übertrieben erscheinen, aber ich kenne durchaus Familien, in denen das Realität ist: Eine Mutter telefoniert, die Tochter steht vor ihr. Sie sagt: „Nee – heute geht Julia turnen, morgen ist Musikschule, am Mittwoch wollen wir in den Zirkus, Donnerstag ist Spielkreis, Freitag kommt die Oma, und am Wochenende fahren wir weg. Wenn Dennis jetzt spielen will, dann ruf' doch bei Schmidts an. Mit Julia klappt's frühestens am Mittwoch nächster Woche."

Was vielen Kindern heute fehlt, ist Stille und Muße. Es bleibt oft zu wenig Raum für Besinnlichkeit oder Entspannung und damit die Möglichkeit, Spiel oder Kreativität, später Lesen oder Gespräch entstehen zu lassen. Diese Kinder können nicht einüben, sich mit sich allein zu beschäftigen, da alles geplant ist. Sie brauchen auch später immer ein Programm von außen oder andere Menschen, die sie anregen, etwas zu tun.

Humor

Mutter:

„Ich habe keine Einschätzung dazu, ob ich mit meiner Tochter lachen konnte. Mein Gefühl ist, ich habe viel zu wenig mit ihr gelacht, und ich hätte noch viel mehr Spaß haben wollen. Viele Situationen waren für mich eher beängstigend. Ich hatte ja viel zu oft auch das Gefühl, ich schaffe und packe es nicht. Das sage ich aus dem Rückblick. Allein über dieses Thema könnte ich jetzt tagelang nachdenken und noch viel erzählen. Aber so auf Anhieb würde ich sagen, ich habe viel zu wenig mit ihr gelacht. Wie ich sie aber heute erlebe, müssen wir wohl doch viel gelacht haben. Ich habe auch mit meiner Mutter viel gelacht, aber im Gefühl ist stärker dieser traurige Teil. Durch meinen neuen Partner ist viel Humor hineingekommen. Humor und Wärme, auch zu Themen, bei denen wir uns als Mutter und Tochter viel mehr verhakt haben, z. B. in so Zeiten, wo wir immer gleichzeitig gesprochen haben, da sagte er: ‚Ich werde hier noch verrückt, könnt ihr euch mal ausreden lassen?‘ Das haben wir vorher ja nie gemerkt. In Zeiten, wo es mir mit mir und auch mit ihr gut ging, da hatte ich auch Spaß und Humor mit ihr zusammen.“

Sarah:

„Zu Hause haben wir viel zusammen gelacht (aber auch geweint). Wir haben alle Gefühlsausbrüche gehabt. Aber wir konnten uns auch lassen. Ich kann sowohl mit meiner Mama als auch mit meinem Papa furchtbar kichern. Das ist der Teil der Beziehung mit ihm, den ich schön finde.

Mit Mama kann ich auch lachen, vielleicht nicht so viel wie in anderen Familien, aber dafür echt. Ich denke, daß in anderen Familien viel auf Humor gemacht wird: Das war bei uns nicht so. Ich habe als Kind vielleicht weniger oder andere lustige Abende miterlebt als die, die mit ihren Familien gespielt haben. Ich war viel mit anderen Erwachsenen zusammen, wahrscheinlich mehr als mit Kin-

dern, vielleicht habe ich dadurch anderen Humor mitgekriegt?"

Humor hat immer etwas mit Freude zu tun. Fehlt die Freude
in der Erziehung, breitet sich Pessimismus und damit einher-
gehend Passivität aus. Es wird in der Erziehung immer wieder nötig sein, ein Kind zu korrigieren, durch Humor wird
sich das Kind aber nicht verurteilt, sondern konstruktiv kri-
tisiert fühlen. Humorvolle Bemerkungen können ange-
spannte Stimmungen wieder entspannen. Die einzelnen
fühlen sich dazugehörig. Das gilt natürlich nur, solange das
Lachen nicht auf Kosten eines einzelnen geht.

Da Kinder sich meistens noch sehr freuen und herzhaft lachen können, wäre es gut, sich von ihnen anstecken zu lassen. Das ist ein sehr entscheidender Bereich, den wir Erwachsenen wieder von Kindern lernen könnten.

Sein Kind lieben heißt auch, sich miteinander freuen können, d. h. dafür sorgen, daß der Alltag nicht im Schimpfen
und Streiten erstickt.

Gegenseitige Freude und Verwöhnung

Mutter:

*„Da fällt mir als erstes ein, was ich mit meinen Eltern ge-
macht habe. Sie waren lange Jahre beide berufstätig und kamen abends spät nach Hause, dann habe ich ihnen noch einen Obstteller ans Bett gestellt, hübsch dekoriert, und das
liebten sie beide sehr.*

*Das habe ich mit meiner Tochter auch gemacht. Wir ha-
ben uns z. B. gegenseitig verwöhnt mit Mahlzeiten oder einem schön gedeckten Tisch. Sie hat schon sehr früh, wenn
ich von der Arbeit kam, so die ersten kleinen Dinge gekocht.
Ich glaube, so mit acht Jahren ging das los. Wir haben es
aber auch verabredet: ‚Machst du es heute?‘ Aber auch mit
kleinen Zeichnungen, später Briefchen, das hat sie nicht nur
zu hohen Feiertagen getan, sondern auch so unter der Woche
mal.*

Das Kochen wurde mit zunehmendem Alter professioneller, da gab es dann Spaghetti Bolognese. Ich denke, daß Mahlzeiten bei uns keine Pflichtveranstaltungen waren, sondern daß wir daraus auch kleine Feste gemacht haben, indem wir z. B. auch Freunde dazu eingeladen haben.

Als sie älter war, hat sie mir oft eine Blume gekauft, sie hat sie nicht gepflückt, das ist ja in der Großstadt oft nicht möglich. Sie hatte Taschengeld, und dann hat sie mir nach der Schule eine Rose mitgebracht. Das waren so kleine Gesten, die sie sich sehr früh abgeguckt und beibehalten hat.

Oder einfach ‚nur‘ liebevoll mit mir sein. *Liebevoll nachfragen, wenn sie wußte, ich hatte ein Problem bei der Arbeit oder so, daß sie sich das gemerkt hat und dann nachfragte. Das war auch etwas sehr Wechselseitiges. Oder wenn ich mal geweint habe, daß sie mich dann geknuddelt hat, und ich sagen konnte: ‚Das hat nichts mit dir zu tun.‘ "*

Sarah:

„Weil wir viel voneinander wissen und uns sehr gut kennen, kriege ich raus, was sie gerade braucht und worüber sie sich freuen würde. *Das ist ein Wechselspiel: Ich wußte, was ich tun konnte, um ihr eine Freude zu machen, und sie auch. Das war aber nicht so bewußt, wenn ich jetzt das tue, dann freut sie sich, und ich habe davon einen Nutzen. Wir haben uns später immer viele Briefe geschrieben und im Alltag Zettel hingelegt, wenn man wegging, damit die andere wußte, wo man war und wann man wiederkommt.*

Aus dem Urlaub gab es lange und intensive Briefe. Das war immer sehr dicht. Ich glaube, weil wir beide ein Gespür dafür haben, was die andere gerade braucht und hören mag. Wir konnten uns aber auch sagen: ‚Ich bin sauer auf dich‘, aber wir konnten vor allem immer gut miteinander reden."

In vielen Familien bleibt die gegenseitige Freude auf Feiertage beschränkt: Geburtstage, Weihnachten oder Muttertag. **Es sind aber die vielen kleinen Gesten, wodurch Gefühle von Vertrautheit und Sich-geliebt-fühlen-Können entstehen.**

Es kann leicht geschehen, daß einzelne Familienmitglieder ihren Spaß außerhalb der Familie haben, den Ärger aber innerhalb. Das gilt auch bereits für kleine Kinder. Sie gehen z. B. in die Musik- und Tanzschule, dort wird gelacht, gefeiert oder gesungen. Die Eltern haben z. B. ihren Stammtisch oder ihre Gymnastikgruppe. Auch im Kindergarten hat das Kind Spaß (natürlich nicht immer), dort wird gelacht, getobt oder gebastelt. In der Schule muß es viel lernen, aber es gibt auch Spaß, Lachen und Freude mit Gleichaltrigen und (hoffentlich) hin und wieder auch mit dem Lehrer.

Warum häufig zu Hause so wenig gelacht und sich gegenseitig zu wenig Freude bereitet wird, erschließt sich den Eltern nur dann, wenn sie bereit sind, einmal anzuhalten, zu beobachten, um dann eventuell gemeinsam etwas zu verändern.

Welche gemeinsamen Aktivitäten in einer Familie möglich sein können, richten sich ausschließlich nach den Wünschen der einzelnen, d. h. diese werden in jeder Familie andere sein. Wichtig ist, daß sich so etwas wie eine Tradition der Gemeinsamkeiten entwickeln kann – und diese muß zunächst von den Eltern angeregt werden. Wenn die Kinder größer sind, müssen die Eltern zuhören, wahrnehmen und umsetzen, welche Anregungen und Wünsche von den Kindern ausgehen.

Nachwort: Mut zur Erziehung

Dieses ist ein Buch über die tägliche Gratwanderung geworden zwischen:
– Liebe und mit Liebe erdrücken,
– „richtig" verwöhnen und maßlos verwöhnen,
– Geborgenheit geben und sich abgrenzen „dürfen",
– Orientierungslos sein und Grenzen setzen „müssen".

Um diese Phänomene zu beschreiben, habe ich mich auf ganz alltägliche Erziehungssituationen beschränkt, die jeder, der mit einem Kind oder mehreren Kindern zusammenlebt (sei es in der Familie, im Kindergarten oder in der Schule), hin und wieder (oder anhaltend) kennt. Mir ist bewußt, daß ich viele Phänomene aus Platzmangel unerwähnt lassen mußte, die zum Thema Verwöhnung aber noch dazugehören. Darum möchte ich sie zum Abschluß zumindestens kurz erwähnen.

1. Die Bedeutung und **Beziehung zu vielen anderen Menschen** wie Großeltern, Tanten, Onkeln, Freunden, Nachbarn oder Tagesmüttern, die vielleicht ebenfalls an der Erziehung beteiligt sind und die unter Umständen im Gegensatz zu der Erziehung durch die Eltern stehen.

„Ich meine, daß ich ein Recht habe, meine Enkelkinder zu verwöhnen. Bei den eigenen Kindern früher, da war ich streng und habe erzogen. Die Enkelkinder will ich nicht mehr erziehen. Meinen Kindern habe ich in den Kriegs- und Nachkriegszeiten so wenig oder gar nichts kaufen können. Darum genieße ich es heute, in der Fülle des Angebotes etwas für meine Enkel kaufen zu können."

Was diese 65jährige Großmutter erzählt, ist verständlich, und es taucht die Frage auf, ob Großeltern verwöhnen dürfen oder sogar sollen? Ich weiß, daß dieses Thema in fast jeder

Familie zu Auseinandersetzungen führt. Auch hier kann man häufig eine bestimmte Dynamik zwischen Eltern und Großeltern beobachten. Sind die Eltern übertrieben verwöhnend, sind die Großeltern eher zurückhaltend, sind die Eltern streng, sind die Großeltern eher verwöhnend. Ich meine, alle Großeltern sollen und dürfen ein wenig verwöhnend sein. Probleme kann es nur dann geben, wenn sie mit Hilfe zahlreicher Geschenke versuchen, das Enkelkind zu bestechen, um vielleicht die anderen Großeltern zu übertrumpfen und so die am meisten geliebte Person für ihr Enkelkind zu sein. Auch sind manche Großeltern zu besitzergreifend und zu aktiv.

Was das Kind wirklich brauchte, wäre eine liebevolle und kontinuierliche Zuwendung durch Gespräche, Wissensvermittlung, Vorlesen oder Geschichtenerzählen. Dinge, die Eltern im Alltag (oft aus Zeitgründen) zu wenig gelingen und die jedem Kind in seiner Entwicklung eine große Hilfe sein könnten.

2. Probleme mit der Verwöhnung kann es bei **Krankheit** eines Kindes geben. Jeder, der in der Kindheit krank war und darum zeitweilig intensiver verwöhnt wurde als im Alltag, wird sich gern an diese Zeit erinnern. Wie wohltuend konnte es sein, wenn Mutter oder Vater während des „Ziegenpeters" sich Zeit nahmen und am Bett sitzen blieben, um mit einem zu reden, etwas vorlasen oder „nur" einen heißen Tee brachten.

Schwieriger wird der Umgang mit diesem Thema immer erst dann, wenn ein Kind über einen längeren Zeitraum (oder auch über Jahre) krank ist. Wird ihm durch die Krankheit zu viel (oder sogar alles) abgenommen, werden keine Forderungen gestellt, so lernt es nicht zu kooperieren und selbst Verantwortung zu übernehmen.

Krankheiten können zunächst Vorteile bringen. Das kranke Kind erhält durch die Krankheit seinen Geschwistern gegenüber eine Sonderrolle, es wird besonders beachtet. Das provoziert aber Neid und Eifersucht und führt eher zum Geschwisterkampf.

Eltern müssen darum lernen, auf den Appell des Kindes „Ich kann nicht" nicht sofort und automatisch einzugehen, sondern trotz der Krankheit eines Kindes von ihm auch immer einen Beitrag zur Familiengemeinschaft zu erwarten und zu verlangen.

3. **„Familiengeheimnisse"** führen oft ebenfalls dazu, sein Kind oder seine Kinder zu viel zu verwöhnen. „Familiengeheimnisse" müssen entweder einem Familienmitglied gegenüber verheimlicht werden (wie: der Vater ist nicht der „richtige" Vater, das Kind ist adoptiert, weiß dieses aber nicht, oder es kommt zu sexuellem Mißbrauch) oder sie müssen nach außen vertuscht werden (wie: Gewalt, Alkoholismus oder Schulden).

Diese Umstände können bei den Eltern zu Schuldgefühlen führen, weil sie ihrem Kind nicht genug geben können, und sie kompensieren mit maßloser, meist materieller Verwöhnung.

4. Ein Thema, das mit Verwöhnung in engem Zusammenhang stehen kann, ist **die Sucht bzw. die Vorbeugung gegen Suchtanfälligkeit.** Ein maßlos verwöhntes Kind bekommt immmer alles ohne eigene Anstrengung. Dadurch entwickelt es die Haltung: Mir steht alles zu, ich darf alles ausprobieren, oder für mich gilt kein Verbot. Da ihm nie ein Nein entgegengesetzt wurde, lernt es auch selbst nicht, Nein zu sagen.

Um Sucht zu verhindern, bedarf es der Vorsorge. Dazu braucht das Kind:

– Erwachsene, die ihm Vorbild sind, und
– Erwachsene, die es lieben, ihm Zuwendung geben und dieses ihm auch durch Worte und Taten zeigen.

Nur so kann das Kind Selbstwertgefühl, das heißt ein starkes Ich entwickeln. Das ist möglich, wenn sich das Kind in allen Lebensphasen mit seinen Eigenheiten (die seinem Entwicklungsstand entsprechen) angenommen fühlt.

Das Kind muß:
– gefordert und gefördert werden,
– ausprobieren und neugierig sein dürfen,
– geliebt und ernstgenommen werden.

Nur dadurch wird es fähig, eigene und fremde Probleme wahrzunehmen und zu verstehen. Dazu braucht es das jahrelange, kontinuierliche und sich immer wieder verändernde Gespräch mit Erwachsenen.

Ein Kind (und später ein Jugendlicher) wird mit Sicherheit weniger Ersatzbefriedigungen brauchen, wenn es Beständigkeit, Anerkennung und (soweit es die Bedingungen zulassen) Freiraum hat. Dieser Freiraum für das heutige Kind ist immer anders, als ihn die eigenen Eltern vor zwanzig, dreißig Jahren hatten. Diese Andersartigkeit zu akzeptieren, erfordert Toleranz auf allen Seiten. Die psychische Notwendigkeit nach Freiheit aber ist geblieben.

Sinnlosigkeitsgefühle lassen zu Drogen greifen. Darum ist eine weitere Suchtprophylaxe, dem Kind Spaß und Ausdauer im Spiel vorzuleben und es auch dazu anregen. Ein Kind, das sich langweilt, keine eigenen Ideen entwickelt und für nichts Interesse zeigt, ist eher gefährdet, später süchtig zu werden. Ein Kind (und Jugendlicher), das bereits Interessen hat, entwickelt und konkrete Lebensziele vor sich sieht, ist ebenfalls weniger bedroht. Ein Kind, das die Möglichkeit bekommt, sich und seine Fähigkeiten im Spiel und im Alltag ausprobieren zu dürfen ohne den kritisierenden Kommentar durch Erwachsene, zeigt einen auffallend unermüdlichen „Forscherdrang". Davon könnten wir Erwachsenen etwas lernen – wenn wir es aushalten, uns nicht zu schnell helfend (und damit das Kind entmündigend) einzumischen. Nur der äußerlich passive, aber innerliche aktive Erzieher wird das Kind zur Selbständigkeit animieren können.

Dazu gehört unter anderem:

– das Kind sich selbst an- und ausziehen zu lassen, auch dann, wenn etwas falsch gemacht wird,

– Hilfe nur auf ausdrücklichen Wunsch zu geben,

– ihm Konflikte nicht abzunehmen, sondern lernen, es auszuhalten, daß das Kind ein Recht auf altersgemäße Auseinandersetzungen und Konflikte hat.

5. Es fehlen Beschreibungen vom häufig vorkommenden Wechsel zwischen:

– **Verwöhnung und Vernachlässigung,**
– **Verwöhnung und Gewalt,**
– **Verwöhnung und Gleichgültigkeit.**

Es gibt selten **die** eindeutig klare Form von Verwöhnung. Schuldgefühle, in der Erziehung zu versagen, bewirken diesen Wechsel und führen darum häufig verstärkt zu materieller Verwöhnung. Das Kind stellt sich auf die Hilflosigkeit der Erwachsenen ein und wird damit zu „arbeiten" beginnen.

6. Was nicht ausführlich beschrieben werden konnte, sind die **Auswirkungen der Verwöhnung im Erwachsenenleben.**

Biographien berühmter Menschen können einem dabei helfen, verstehen zu lernen, welches Maß an Verwöhnung auf der einen und Forderungen stellen auf der anderen Seite nötig sind, um einen tüchtigen, lebensbejahenden und aktiven Menschen zu erziehen.

Im täglichen Leben können wir das Thema Verwöhnung besonders deutlich auch in Partnerschaften beobachten. Oft kann man die Aufteilung sehen: die verwöhnende Frau und der das Verwöhnen genießende Mann. Frauen sind es, die in Partnerschaften die Rolle übernehmen, den Mann an seine Termine zu erinnern, seine Briefe zu schreiben, ihn zu bekochen und ihm den Haushalt zu führen. Aber auch sie haben (ebenso wie in der Kindererziehung) einen Gewinn davon – gebraucht zu werden.

Wir Erwachsenen brauchen insgesamt wieder mehr Mut zur Erziehung.

Das ist nur möglich, wenn wir unsere eigenen Bedürfnisse kennen und durchsetzen. Mut zur Erziehung heißt auch, wir haben als Eltern, Erzieherin oder Lehrer das Recht, von den Kindern ruhig und bestimmt etwas zu fordern. Wir müssen wagen zu sagen: „Ich will jetzt nicht", „Ich brauche jetzt Zeit für mich" oder „Ich will jetzt mit dir spielen, aber wenn das Spiel zu Ende ist, dann muß ich …" Nein sagen lernen, um anderer Stelle wieder Ja sagen zu können. Oder anders ausgedrückt: Wenn ich für mich weiß, daß ich (auch in der liebevollsten Familie, in einer guten Partnerschaft) hin und wieder Distanz für mich brauche, dann kann ich es auch beim Kind akzeptieren, wenn es sich (zeitweilig) von mir zurückzieht. Nur durch dieses wechselseitige Verstehen sind Nähe **und** Distanz möglich.

Damit sind wir beim Thema der **Selbstverwöhnung**, die der Verwöhnende häufig vergißt. Der Verwöhnende sollte sich immer kritisch fragen: „Warum verwöhne ich?" „Welchen anderen Lebensaufgaben gehe ich damit aus dem Weg?" Zur Selbstverwöhnung (wie auch zur gegenseitigen Verwöhnung) gehören Fürsorglichkeit im Umgang mit sich selbst und Zeit für sich selbst. So, wie liebevolle Eltern das Kind während einer Krankheit pflegen, so müssen wir lernen, mit uns selbst umzugehen. Wenn ich bereit und in der Lage bin, mir selbst etwas Gutes anzutun, dann kann ich es auch beim Kind. (Wenn dieses sich verstanden und umsorgt fühlt, dann kann es selbst dieses auch weitergeben.) Dazu brauchen alle Eltern (neben der schwierigen Aufgabe der Kindererziehung) andere Interessen und eigene Gesprächspartner außerhalb der Familie als kontinuierliches Gegengewicht gegen maßlose Verwöhnung.

Darüberhinaus muß sich jeder Erziehende als Lernender begreifen, der nie fertig ist. Schuldgefühle, in der Erziehung Fehler zu machen, haben meiner Erfahrung nach alle Eltern. Aber sie allein sind unfruchtbar. Kaum einer der Eltern wird vorsätzlich sein Kind schädigen wollen, jeder möchte das beste für sein Kind tun.

Kinder zu erziehen, bedeutet immer, sich selbst (und zwar lebenslang) zu erziehen, sich selbst in Frage zu stellen, sich selbst zu beobachten und die Wechselwirkung im Erziehungsprozeß verstehen zu lernen.

Das bedeutet aber auch, bei gravierenden Erziehungsproblemen dafür offen zu sein, sich von außen Hilfe zu holen, sei es durch Beratung oder Therapie.

Ein neuseeländisches Sprichwort macht deutlich, was eine gelungene Erziehung ausmacht:

„Zwei Dinge von bleibendem Wert kann man seinen Kindern mitgeben: Wurzeln und Flügel."

Literatur

Adler, Alfred, Individualpsychologie in der Schule (1929), Frankfurt am Main 1973.
– Die Technik der Individualpsychologie, Band 2 (1930), Frankfurt am Main 1974.
– Wozu leben wir? (1931) Frankfurt am Main 1979.
Adler, Alfred/Furtmüller, Carl, Heilen und Bilden (1928), Frankfurt am Main 1973.
Ansbacher, Heinz L./Ansbacher, Rowena, Alfred Adlers Individualpsychologie, München/Basel 1972.
Dreikurs, Rudolf, Psychologie im Klassenzimmer, Stuttgart 1967.
Freese, Rudolf, Kinder sind Philosophen, Weinheim/Berlin 1989.
Friesen, Astrid von, Geld spielt keine Rolle, Reinbek bei Hamburg, 1991.
Gontscharow, Iwan, Oblomows Traum (1849), Stuttgart 1987.
Herms-Bonhoff, Elke, Hotel Mama, Zürich 1992.
Hoffmann, Monika, Zusammenleben im Kindergarten, Weinheim/München 1992.
Künkel, Fritz, Einführung in die Charakterkunde, Leipzig 1944.
Lindgren, Astrid, Das entschwundene Land, Hamburg 1977.
Metz-Göckel/Müller, Der Mann, in: Brigitte-Studie, Weinheim 1986.
Müller-Kaldenbach, Ricke, Mütter mit Beruf, Reinbek 1990
Olivier, Christiane, Jokastes Kinder, München 1989.
Orgler, Hertha, Alfred Adler, München 1974.
Oubaid, Monika, Das Mutter-Dilemma, in: „Psychologie heute", Heft 2/ 1987.
Pickler, Emma, Friedliche Babys – zufriedene Mütter, Freiburg/Basel/ Wien 1982.
Richter, Horst-Eberhard, Eltern, Kind und Neurose, Stuttgart 1963.
Rollin, Marion, Typisch Einzelkind – das Ende eines Vorurteils, Hamburg 1990.
Scheu, Ursula, Wir werden nicht als Mädchen geboren, wir werden dazu gemacht, Frankfurt am Main 1977.
Schönfeldt, Gräfin Sybil, Astrid Lindgren, Reinbek bei Hamburg 1987.
Schultz-Hencke, Harald, Der gehemmte Mensch, Stuttgart/New York 1982.
Wieck, Wilfried, Söhne wollen Väter, Hamburg 1992.
Wolffheim, Nelly, Psychoanalyse und Kindergarten, München 1973.

Anmerkungen

1 Siehe Literaturliste.
2 Duden, Herkunftswörterbuch, Band 6, S. 743.
3 Duden, Die sinn- und sachverwandten Wörter, Band 8, S. 734.
4 Brockhaus Enzyklopädie, Band 19, S. 589.
5 Künkel, Einführung in die Charakterkunde.
6 Schultz-Hencke, Der gehemmte Mensch.
7 Richter, Eltern, Kind und Neurose, S. 42 ff.
8 Freese, Kinder sind Philosophen.
9 Bettelheim, Eltern müssen nicht perfekt sein, in „Psychologie heute", Heft 10, 1987, S. 32.
10 Adler/Furtmüller, Heilen und Bilden, S. 64.
11 Lindgren, Das entschwundene Land, S. 33.
12 Ebd., S. 34.   13 Ebd., S. 39.
14 Dreikurs/Grey, Kinder lernen aus den Folgen.
15 Elke Herms-Bonhoff hat in ihrem Buch „Hotel Mama" eindrücklich beschrieben, wie junge Erwachsene, die zu Hause nicht ausziehen wollen, ihre Eltern nach wie vor ausbeuten und deren Dienstleistungen als selbstverständlich annehmen bzw. fordern. Ich kann die Lektüre dieses Buches all denjenigen empfehlen, die bereits heute wissen wollen, was sie erwartet, wenn sie unhinterfragt die maßlose Verwöhnung fortsetzen.
16 Gontscharow, Oblomows Traum, S. 27.
17 Ebd., S. 29.   18 Ebd., S. 55.   19 Ebd., S. 119.
20 Vgl. Rattner, Literaturpsychologie.
21 Adler, Wozu leben wir? S. 101.
22 Müller-Kaldenbach, Mütter mit Beruf, in: „Spielen und Lernen", Heft 2/1987, S. 30.
23 Oubaid, Das Mutter-Dilemma, in: „Psychologie heute", Heft 2/1987, S. 30.
24 Ebd. „Berufstätige Väter in denselben Familien nehmen vier Prozent des Kindes in Anspruch, kaum ein großer Unterschied zur Mutter, obwohl diese den ganzen Tag zu Hause ist. Was Väter während der Woche versäumen, machen sie am Wochenende wieder wett." S. 30
25 Ebd., S. 31.
26 Metz-Göckel/Müller, Der Mann, Brigitte-Studie.
27 Ansbacher/Ansbacher, Alfred Adlers Individualpsychologie, S. 348.
28 Wenn der Leser mit dem üblichen Vorurteil zu kämpfen hat: „Das Einzelkind ist besonders schwierig, egoistisch...", möchte ich das Buch von Rollin „Typisch Einzelkind – das Ende eines Vorurteils" wärmstens empfehlen.
29 Adler/Furtmüller, Heilen und Bilden, S. 224.
30 Adler, Wozu leben wir? S. 123.
Wenn der Leser an weiteren Geschwisterkonstellationen in Familie und Kindergarten interessiert ist, sei ihm mein Buch „Zusammenleben im Kindergarten" empfohlen.
31 Adler, Zur Erziehung der Eltern, in: Adler/Furtmüller, Heilen und Bilden, S. 227.
32 Adler, Die Technik der Individualpsychologie, Band 2, S. 182.
33 Scheu, Wir werden nicht als Mädchen geboren, wir werden dazu gemacht, S. 54.
34 Ebd., S. 55.
35 Ebd., S. 56.
36 Ebd., S. 56.
37 Adler, Zur Erziehung der Eltern, in: Adler/Furtmüller, Heilen und Bilden, S. 229.